365 x Rückenwind

Willi Hoffsümmer (Hg.)

365 x RÜCKENWIND

Ermutigungen für jeden Tag

Matthias-Grünewald-Verlag · Mainz

Rückenwind für die junge Familie Karl Heinz und Karin Hamacher mit Juliane, Johannes und Felix

verlags gruppe engagement

Der Matthias-Grünewald-Verlag ist Mitglied der Verlagsgruppe engagement

Die Deutsche Bibliothek – CIP-Einheitsaufnahme

Ein Titeldatensatz für diese Publikation ist bei Der Deutschen Bibliothek erhältlich

Titelbild: © Zefa / Bertsch
Umschlag: Harald Schneider-Reckels und Iris Momtahen, Wiesbaden
Satz: Jörg Eckart · DTP Studio Mainz
Druck und Bindung: Freiburger Graphische Betriebe

ISBN 3-7867-2266-8

VORWORT

Verhaltensforscher sagen: Die ersten Minuten zu Beginn eines Tages richten uns entscheidend für den ganzen Tag aus, und die letzten Minuten des Tages bestimmen, in welches „Bett“ wir unsere Seele für die Nacht legen.
Der hl. Franz von Sales († 1622), ein guter Menschenkenner, äußerte einmal: „Der Mensch braucht, um glücklich zu sein, täglich eine halbe Stunde nur für sich. Mit einer Ausnahme: Wenn der Tag besonders hektisch wird oder war, dann braucht er *eine* Stunde nur für sich!“
Es kommt im Leben zunächst einmal darauf an, dass es *mir* gut geht. Bin ich mit mir einigermaßen im Klaren, kann ich auch anderen gerechter werden.
Diese drei verschiedenen Ansätze zeigen: Es kommt auch auf mich an, ob der Tag gelingt. Die besinnlichen Gedanken in diesem Buch wollen Ihnen dabei helfen. Nehmen Sie sich morgens und abends einige Minuten Zeit dafür, dann können die hoffentlich aufrichtenden Gedanken Ihnen „Rückenwind“ schenken. 365 Mal!

Willi Hoffsümmer

JANUAR

Jesus sagt: Seid gewiss: Ich bin bei euch alle Tage bis an das Ende der Welt. (Mt 28,20) 1

„Im Herzen des Taifuns kann ein Kind schlafen", lautet ein asiatisches Sprichwort. Dahinter steckt die Erfahrung: Gelingt es einem Schiff oder einem Flugzeug, das „Auge" eines zerstörerischen Wirbelsturmes zu erreichen, ist es in Sicherheit.
Wir wissen nicht, was im neuen Jahr an Schwierigkeiten auf uns zukommen wird. Die Mitte, in die wir uns flüchten können, ist das unbedingte Vertrauen darauf, dass Gott es gut mit uns meint und dass er auch auf krummen Zeilen gerade schreiben kann. Allerdings: Das Zentrum des Taifuns wandert und die Mitte muss immer wieder neu gesucht werden.

Herr, sei du mir Schutz und Halt bei allem, was auf mich zukommt.

Du bist, Herr, in unserer Mitte, und dein Name ist über uns ausgerufen; verlass uns nicht, Herr, unser Gott. (Jer 14,9) 2

Michel Quoist, der Millionen Menschen mit seinen Meditationen motivierte, schrieb einmal: „Alle Zeit, die du mir gibst, Herr, die Jahre meines Lebens, die Tage meiner Jahre, die Stunden meiner Tage, sie gehören alle mir. An mir ist es, sie zu füllen, ruhig und gelassen, aber sie ganz zu füllen, bis zum Rande; um sie dann dir darzubringen, damit du aus ihrem schalen Wasser einen edlen Wein machst, wie du es einst tatest zu Kana, für die Hochzeit der Menschen. Herr, ich bitte dich heute nicht um die Zeit, dieses und dann noch jenes zu tun. Ich bitte dich um die Gnade – in der Zeit, die du mir gibst – gewissenhaft das zu tun, was du willst, dass ich tun soll."

Ja, Herr, schenke mir und allen, die dir vertrauen möchten, erfüllte Stunden.

3 **Dies ist der Tag, den der Herr gemacht hat; lasst uns frohlocken und seiner uns freuen!** (Ps 118,24)

Liebe geht durch den Magen! Was halten Sie von folgendem Backrezept für das Glück im neuen Jahr?
Man nehme genügend Liebe und gebe als Erstes einen Löffel Hoffnung hinein. Man füge eine Menge Vertrauen hinzu, beliebig viel Frohsinn, eine Dosis voll kleiner Aufmerksamkeiten, eine Messerspitze Nachsicht, ein Kännchen voller Selbstlosigkeit und vermenge alles miteinander. Um einen faden Geschmack zu vermeiden, füge man eine Prise Widerspruchsgeist und Verrücktheit bei. Dann bitte beim Kneten ständig Freundlichkeit darüber träufeln. Von diesem köstlichen Kuchen brauchen Sie an jedem Morgen nur ein kleines Stück zu nehmen, um den ganzen Tag über glücklich und zufrieden zu leben.

Herr, du bist die Liebe; du lässt mich nicht fallen – nicht im Leben und nicht im Sterben.

4 **Johannes der Täufer antwortete denen, die fragten: Was sollen wir tun?: Wer zwei Gewänder hat, gebe eines dem, der keines hat, und wer Speise hat, der tue ebenso.** (Lk 3,10 f)

Ein Vollwaise in einem Kinderheim in der Nähe Londons erfuhr an Weihnachten einmal echte Kameradschaft: Es waren damals noch harte Zeiten, auch Kinder mussten oft schwer arbeiten und sich auch sonst viel gefallen lassen. An einem Weihnachtsfest war für jedes Kind als Geschenk eine Apfelsine vorgesehen – als Höhepunkt des Jahres. Aber weil das Kind nicht folgsam gewesen war, musste es in der Ecke stehen, während die anderen ihr Geschenk entgegennahmen, und es erhielt auch nicht die ersehnte Apfelsine. Es weinte verzweifelt und wollte nicht länger leben.
Plötzlich stand einer seiner Kameraden in der Tür und hielt ihm eine Apfelsine entgegen, die bereits geschält war. Was war geschehen? Zehn Kinder hatten im Hof geteilt und zehn fein säuberlich abgetrennte Scheibchen zu einer neuen Apfelsine zusammengesetzt.

Herr, ich will mich solidarisch verhalten mit Menschen, die der Willkür ausgeliefert sind.

Als die Sterndeuter den Stern sahen, wurden sie von sehr großer Freude erfüllt. (Mt 2,10) 5

Wissen Sie, warum die Magier aus dem Morgenland den Stern entdecken und ihm über große Strecken folgen konnten? Wer das Kind in der Krippe finden will, mag genau hinschauen:
Die Sterndeuter waren wachsame Menschen, sie merkten, dass ihnen bei allem Wohlstand noch etwas fehlte. Und sie machten sich wirklich auf, als sie den Stern entdeckt hatten, und regelten nicht noch monatelang ihre „Papiere". Sie zogen *gemeinsam* los. Sie hatten ein Gespür für falsche Wegweiser wie König Herodes einer war. Und sie waren bereit, vor dem Kind in die Knie zu gehen: Hochmut hat keinen Stern.

Herr, schenke mir ein wachsames Herz für meinen Stern, der mich führen will.

Die Sterndeuter gingen in das Haus hinein und sahen das Kind mit Maria, seiner Mutter. Und sie warfen sich nieder und huldigten ihm. (Mt 2,11) 6

Junge Leute hatten ein modernes Krippenspiel geschrieben, stellten aber erst bei der Generalprobe fest, dass sie die hl. Drei Könige vergessen hatten. Kurz entschlossen riefen sie drei Personen aus der Pfarrei an und baten sie, als Könige einzuspringen: Sie sollten einfach einen Gegenstand mitbringen, der ihnen etwas bedeutet und dem Kind als Geschenk vor die Krippe legen.
So brachte ein Familienvater seine Geh-Hilfe mit, die ihm durch einen schweren Verkehrsunfall vertraut geworden war, und gab sie als Zeichen der Dankbarkeit für seine Genesung.
Eine Mutter legte eine Windel ab und bekannte, dass es ihr schwer gefallen sei, ihren geliebten Beruf aufzugeben, um ganz für ihr Kind da zu sein.
Ein junger Mann brachte verbittert eine der hundert Absagen, die er trotz guter Abschlussprüfungen auf seine Bewerbungen hin erhalten hatte, fügte aber hinzu: „Ich werde nicht aufgeben. Wenn meine Hände auch noch leer sind, mein Herz ist bereit, zu empfangen und weiterzugeben!" (nach Bruno Dörig)

Herr, was würde ich als Geschenk bringen?

7 **Was ihr für einen meiner geringsten Brüder oder für eine meiner geringsten Schwestern getan habt, das habt ihr mir getan.** (Mt 25,40)

Manche finden nur auf Umwegen zur Krippe.
So erzählt eine Legende, es habe sich auch ein vierter König auf den Weg nach Bethlehem zum neuen König des Himmels und der Erde gemacht. Aber er verpasste den vereinbarten Treffpunkt und schlug sich nun alleine durch. Unterwegs trennte er sich aus Mitleid immer wieder von einem Teil seiner mitgenommenen Geschenke. Er erfreute damit eine arme Mutter, einen Aussätzigen, ein frierendes Kind … Als er nach einer anstrengenden Suche um die halbe Welt schließlich Jerusalem erreichte, erlitt der Weltenkönig gerade den Tod am Kreuz. So hatte er ihn doch noch gefunden. Er spürte aber, dass er ihm schon unterwegs in den Leidenden dieser Welt begegnet war.

Herr, lass mich manchmal spüren, dass ich dir in meinen Mitmenschen begegne.

8 **Der Herr macht arm und macht reich; er erniedrigt, und er erhöht.** (1 Sam 2,7)

Die Schriftstellerin Vilma Sturm fragt am Ende ihrer Lebensbeschreibung: „Wie ist das eigentlich gekommen, dass so viele von denen, die mir lieb sind, Verwandte und Freunde, sich mit der Zeit abwandten von Kirche, Gebet und Frömmigkeit? Ich selbst befinde mich mitten im Prozess einer Ablösung, ohne dass ich es will …“
Aber es geschehen manchmal noch Wunder, besonders durch Kinder: Ein unbelehrbarer Gotteslästerer, der dem Pfarrer das Leben in den letzten Jahren auf Schritt und Tritt schwer gemacht hatte, tauchte unvermittelt wieder im Gottesdienst auf. Bei einem Hausbesuch offenbarte sich der Mann, der geschworen hatte, nie wieder eine Kirche zu betreten. „Dieses Kind hier hat es fertig gebracht“, sagte er und zeigte auf ein Zeitungsblatt. Seine Enkelin, sein Liebling, war da abgebildet und hatte auf die Frage des Reporters: „Was Kinder sich vom Christkind wünschen“, geant-

wortet: „Einen anderen Großvater. Einen, der auch mal mit mir in die Kirche geht. Meiner ist so stur. Der tut das nie, und ich habe ihn schon so sehr darum gebeten." (nach Rudolf Hempel)

Kind in der Krippe, erst recht hast du die Macht, unseren Sinn zu ändern. Schau den Menschen ins Herz und begegne ihnen, wenn sie andere Wege gehen.

Jesus sagt: Euer Herz erschrecke nicht! Glaubt an Gott, und glaubt an mich! In meines Vaters Haus sind viele Wohnungen. Und wenn ich hingegangen bin und euch eine Stätte bereitet habe, komme ich wieder und werde euch zu mir nehmen. (Joh 14,1f) 9

Schon kurz nach Weihnachten werden die nadelnden Weihnachtsbäume lästig. Die bunten Kugeln, die Weihnachtslieder und die leuchtenden Augen der Kinder sind nun schöne Erinnerungen. Manche Tannenbäume werden irgendwo abgestellt, andere werden ordnungsgemäß entsorgt.
In einigen Bäumen hängt noch Lametta, ein wenig Glanz, der an das große Fest erinnert und auf ein noch größeres hinweist, zu dem wir herzlich eingeladen sind.

Herr, jedes gelungene Fest, das uns mit Freude erfüllt hat, ist Widerschein der vollkommenen und ewigen Seligkeit des „Lebens in Fülle", das du uns zugesagt hast.

Als jedoch die Güte und die Menschenfreundlichkeit Gottes, unseres Heilands, erschien, hat er uns errettet – nicht weil wir Werke vollbracht hätten, die uns gerecht machen können, sondern aufgrund seiner Barmherzigkeit. (Tit 3,4f) 10

„Niemals geht man so ganz. Irgendwas von dir bleibt hier!", heißt es in einem Lied.
Zwei Mönche züchteten mit Hingabe Rosen. Der eine betrachtete die „Königin der Blumen" entzückt, der andere verschenkte sie. „Wenn du sie hergibst, so kannst du nie ihren Duft genießen",

meinte der eine. Doch der andere erwiderte: „Es bleibt immer etwas von ihrem Duft an meinen Händen.“ (nach Roland Breitenbach)

Herr, ich will von Herzen geben, nicht nur „hergeben“.

11

Ich vertraue deiner Gnade. Es frohlocke mein Herz über deine Hilfe! Singen will ich dem Herrn, weil er mir Gutes getan. (Ps 13,6)

Ein Gebet – an allen Tagen des Jahres sprechbar:
Herr, gib mir nicht, was ich mir wünsche, sondern was ich brauche.
Bewahre mich vor dem naiven Glauben, es müsste im Leben alles glatt gehen.
Schenke mir an der richtigen Stelle jemanden, der den Mut hat, mir die Wahrheit zu sagen.
Verleih mir die nötige Phantasie, im rechten Augenblick ein Päckchen Güte, mit oder ohne Worte, an der richtigen Stelle abzugeben.

Herr, schenke uns die Erkenntnis, dass Schwierigkeiten, Niederlagen, Misserfolge und Rückschläge zum Leben gehören und dass wir durch sie wachsen und reifen.

12

Ihr Väter und Mütter, reizt eure Kinder nicht zum Zorn! (Eph 6,4)

Ein Vater brachte einem jüdischen Lehrer seinen missratenen Sohn und klagte, dass dieser z.B. im Lernen keine Ausdauer habe. „Lass ihn eine Weile hier“, sagte der Rabbi. Als er mit dem Kind allein war, drückte er es voller Zärtlichkeit schweigend an sich, bis der Vater zurückkam. „Ich habe ihm ins Gewissen geredet“, sagte der Rabbi, „in Zukunft wird es ihm an Ausdauer nicht fehlen!“
Später erzählte das Kind: „Damals habe ich gelernt, wie man einen Menschen bekehrt.“ (nach einer chassidischen Erzählung)

Nähe und Zeit schenken, Anteilnahme und Interesse, das stärkt das Selbstwertgefühl eines Kindes.

Herr, ich möchte dem Kind einen „Regenbogen“ zeigen. Meine Arbeit bleibt zwar liegen, aber der Regenbogen wartet nicht.

13

Jesus sagt: Wer ein solches Kind um meinetwillen aufnimmt, der nimmt mich auf. Wehe aber, wer eines von diesen Kleinen zum Bösen verführt. (Mt 18,5f)

Die Seele des Kleinkindes ist besonders offen für Lob und Tadel. Ein Kinderarzt begrüßte jedes Kind im Behandlungszimmer mit dem freundlichen Satz: „Du bist aber ein liebes Kind!“ So schuf er eine Atmosphäre des Vertrauens und stimmte die Kinder positiv ein. Sie lächelten meist und nickten zustimmend.
Nur ein kleiner Junge schüttelte einmal traurig und ernst den Kopf: „Nein, ich bin kein lieber Junge. Ich bin der böse Friedrich!“ Wie oft hatte er das wohl schon gehört – bis er es selbst glaubte! Er konnte noch nicht lesen und schreiben. Aber er konnte sich schon nicht mehr leiden! (nach Hans-Albert Höntges)

Herr, ich will versuchen, mit einem freundlichen Wort, das aus dem Herzen kommt, die froh zu stimmen, denen ich begegne.

14

Jesus sagt: Das ist mein Gebot: dass ihr einander lieben sollt, wie ich euch geliebt habe. (Joh 15,12)

Manchmal lassen sich wichtige Dinge auf einen ganz einfachen Nenner bringen. Albert Schweitzer wurde einmal gefragt: „Wie erzieht man am besten seine Kinder?“ Und Schweitzer antwortete mit einem hintergründigen Lächeln: „Es gibt drei Methoden: Erstens – durch Beispiel. Zweitens – durch Beispiel. Und drittens – … „Ja, wir wissen die Antwort!“, meinten die Frager.
Dieselbe Antwort trifft auf die Frage zu: „Wie kann ich in der heutigen Zeit noch Kinder zu Gott, zu Jesus und zur Kirche führen?“

Herr, nur wer überzeugt ist, kann überzeugen.

15 **Besiege das Böse durch das Gute!**
(Röm 12,21)

Die Mutter meinte, dafür habe ihr Kind nun wirklich eine Tracht Prügel verdient, obwohl sie von Gewalt eigentlich nicht viel hielt. Aber man kann ja nicht ewig diskutieren. Also trug sie dem Kind auf, in den Garten zu gehen und nach einem Stock zu suchen.
Erst nach langer Zeit kam das Kind weinend zurück und gab der Mutter einen Stein mit den Worten: „Ich habe keinen Stock finden können, aber du kannst ja diesen Stein nach mir werfen!"
Da sah die Mutter plötzlich alles mit den Augen des Kindes und schloss es in ihre Arme. Sie weinten eine Weile gemeinsam, bis die Mutter sagte: „Wir legen den Stein auf ein Bord in der Küche, dass er uns immer daran erinnern mag: Niemals Gewalt!" (nach Astrid Lindgren, Ansprache bei der Verleihung des Friedenspreises des Deutschen Buchhandels 1978)

Herr, ein Sprichwort sagt: „Wer ein Kind schlägt, schlägt ihm den Teufel in den Leib." Bewahre mich davor, die Kontrolle über mich zu verlieren, wenn ich zornig bin.

16 **Gesegnet ist der Mann, der auf den Herrn vertraut und dessen Hoffnung der Herr ist. Er wird sein wie ein Baum, der am Wasser gepflanzt ist und nach dem Bach seine Wurzeln ausstreckt. Er hat nichts zu fürchten, wenn Hitze kommt …, er hört nicht auf, Früchte zu bringen.** (Jer 17,7f)

Nach manchem Sturm stehen wir erschrocken vor entwurzelten Bäumen. Wenn wir genau hinsehen, entdecken wir oft, wie wenig Wurzeln ihn noch gehalten hatten. Dagegen staunen wir über die langen Wurzeln eines jungen Bäumchens, wenn wir es völlig auszugraben versuchen.
Auch Menschen können durch Schicksalsschläge entwurzelt werden. Viele konnten überhaupt keine Pfahlwurzel entwickeln, weil in ihren ersten Lebensjahren das Wasser und der Humus eines richtigen Zuhauses fehlten.
Bert Brecht gab zu bedenken: „Der Obstbaum, der kein Obst bringt, wird unfruchtbar gescholten: Wer untersucht den Boden?

Der Ast, der zusammenbricht, wird faul gescholten: Aber hat nicht Schnee auf ihm gelegen?“

Herr, lass meine Wurzeln in dir verankert sein! Dann verliere ich nicht den Halt, wenn der „Ernstfall“ eintritt. Und bewahre mich davor, über andere zu urteilen, „bevor ich nicht einen Monat lang in ihren Schuhen gegangen bin“.

Vor allem aber liebt einander, denn die Liebe ist das Band, das alles zusammenhält und vollkommen macht. (Kol 3,14) 17

Wer zu wenig Zuneigung erfährt, verkümmert. Das trifft vor allem auf Kinder zu.
Das grausame Experiment Kaiser Friedrichs II. (†1250) ist bekannt: Er ließ Findelkinder, die noch nicht sprechen konnten, in Sizilien sammeln, um die Ursprache der Menschen herauszufinden. Die Pflegerinnen durften den Kindern alles geben, was sie zum Wachsen brauchten, also Nahrung und Kleidung, Wärme und Medikamente, aber kein liebes Wort war erlaubt, kein Anlachen, keine Zuneigung!
Welche Sprache kam dabei heraus? Die Kinder verkümmerten und blieben stumm! Keines von ihnen wurde erwachsen.

Herr, ich möchte „Durchgangsstation“ sein für all die Zuneigung, Hilfe und Geborgenheit, die ich von anderen Menschen empfange.

Vor allem aber hegt eine starke Liebe zueinander; denn die Liebe deckt viele Sünden zu. (1 Petr 4,8) 18

Sie war gewarnt worden: Die jugendliche Mörderin ist eine gefährliche Gefangene. Dennoch ließ die Betreuerin die Zellentür öffnen, ging geradewegs auf die verkrampfte Gefangene zu, schloss sie in die Arme und küsste sie. Da ließ die junge Mörderin ihre Arme sinken, begann zu weinen und sagte nach einer Weile: „Das ist der erste Kuss, den ich in meinem Leben bekommen habe.“
Ein Kind braucht Nähe, es muss die Liebe im Schmusen und Hautkontakt erfahren können. Solange ein Kind in unsere Arme will –

die Jahre dafür gehen schnell vorbei –, dürfen wir es nie ohne zwingenden Grund abweisen.
„So wie du bist, habe ich dich lieb!", steht an manchen Kindergärten. Liebe kennt keine Vorbedingung.

Danke, Herr, für die befreiende Kraft der Liebe!

19 **Der Herr heilt die gebrochenen Herzen und verbindet die schmerzenden Wunden.** (Ps 147,3)

Die Erlebnisse der Kindheit bestimmen unser ganzes Leben. Schön, wenn sie positiv waren, wenn sie uns seelische Sicherheit und Urvertrauen geschenkt haben.
Mahatma Gandhi schildert, dass er mit 15 Jahren seinem Vater ein goldenes Armband gestohlen habe, um Schulden bezahlen zu können. Weil er danach die Last seiner Schuld nicht ertragen, aber vor Scham mit dem Vater darüber nicht sprechen konnte, schrieb er sein Bekenntnis auf und überreichte ihm – zitternd am ganzen Körper – den Zettel. Der Vater las ihn, schloss die Augen und – zerriss ihn. „Es ist gut", sagte er. Dann nahm er seinen Sohn in die Arme.

Herr, schenke mir den Segen einer Umarmung!

20 **Gott, der Herr, beschirmt dich mit seinen Flügeln, Schild und Schutz ist dir seine Treue: Du brauchst dich nicht zu fürchten vor dem Pfeil, der am Tage dahinfliegt.** (Ps 91,4f)

Vom hl. Sebastian, Patron vieler Schützenbruderschaften, ist überliefert, dass er mit Pfeilen durchbohrt wurde.
Aber auch heute gibt es genug Scharfschützen, die auf Herzschüsse spezialisiert sind, auch wenn mancher Pfeil dabei ins Auge geht: Giftpfeile, die mit der Bemerkung beginnen „Haben Sie schon gehört ...?", werden unverhofft aus Hecken abgefeuert. Oft sind es keine Pfeile, sondern kleine heimtückische Nadelstichgeschosse. In keinem Betrieb, Stadtteil oder Dorf ist man davor sicher. Eigentlich müssten überall große Heftpflaster verteilt werden, um sie einander auf den Mund zu kleben oder auf die Wun-

den, aus denen so mancher „Heilige“ blutet. (z.T. nach Wilhelm Willms)

Hl. Sebastian, schenke uns deinen Mut, der du – auch nach dem Scheintod durch das Martyrium mit den Pfeilen – wieder bekennend vor den Kaiser tratest.

Die Liebe ist gütig.
(1 Kor 13,4)

21

„In einem guten Wort ist Wärme für drei Winter“ – sagt eine Weisheit aus der Mongolei. Es kann auch eine stille Geste sein, die das Herz erwärmt.
So bei einer Bettlerin in Paris, der der Dichter Rainer Maria Rilke nicht die erwartete Münze in die Hand legte, sondern eine Rose: Er schenkte ihrem Herzen etwas, nicht ihrer Hand. Eine Woche lang sah man darauf die Bettlerin nicht an ihrem gewohnten Platz. „Wovon mag sie gelebt haben?“, fragte Rilkes Begleiterin, als die Bettlerin wieder dasaß. „Von der Rose“, antwortete der Dichter.

Herr, ich will heute aufmerksam danach Ausschau halten, wem ich mit einem Wort oder einer Geste vielleicht den ganzen Tag erhelle.

Lass dir nicht das Glück des heutigen Tages entgehen; an der Lust, die dir zusteht, geh nicht vorbei. (Sir 14,14)

22

Die Traurigkeit des Herzens ist ein Grundübel unserer Zeit. Wie viel Antidepressiva werden geschluckt – in unserem Schlaraffenland!
Ein Rabbi, der seine Schüler lehrte, das Leben zu lieben und den Schönheiten dieser Welt nicht zu entsagen, fügte hinzu: „Die zu lange zugelassene Traurigkeit ist eine Sünde, denn sie macht schwermütig; dann verwandelt sie sich in Selbsthass. Wer jedoch sich selbst hasst, hasst schließlich auch seinen Nächsten.“ (nach Elie Wiesel)

Herr, ein froher, zuversichtlicher Glaube und eine heitere Grundstimmung im Leben sind „Geschenke des Himmels“. Doch ich will mich auch nach Kräften selbst darum bemühen.

23 **Die aber, die dem Herrn vertrauen, schöpfen neue Kraft, sie bekommen Flügel wie Adler.** (Jes 40,31)

Vertrauen versetzt Berge! Würden Sie sich in eine Schubkarre setzen, die ein Seiltänzer unter den staunenden Blicken vieler ZuschauerInnen über das Seil schiebt? Nein, ich auch nicht.
Aber ein Junge meldet sich, klettert hinauf und lässt sich unter dem gespannten Schweigen der Menge über das Seil schieben. Alle klatschen schließlich begeistert Beifall. Als der Junge auf seinen Mut angesprochen wird, lacht er: „Es ist doch mein Vater!"

Gott, du bist mir Vater und Mutter. Schenke mir Flügel des Vertrauens, die mich nie abstürzen lassen!

24 **Jesus sagt: Was nützt es dem Menschen, wenn er die ganze Welt gewinnt, sein Leben aber einbüßt?** (Mt 16,26)

Weil viele nicht mehr erkennen oder darüber nachdenken, woher sie kommen und wohin sie gehen, fehlt ihnen Ziel und Sinn im Leben.
Es ist wie mit der Spinne, die bei einem Kontrollgang ihr Netz abläuft, um es auszubessern. Da entdeckt sie auch wieder den „Faden nach oben", an dem sie herabgestiegen ist und an dem ihr Netz hängt. Da sie ihn in ihrer betriebsamen Geschäftigkeit ganz vergessen hatte und jetzt für überflüssig hält, beißt sie ihn kurzerhand ab. Sofort fällt das Netz mit ihr in die Tiefe und wickelt sich wie ein nasser Lappen um sie.

Herr, lass nicht zu, dass ich die Verbindung zu dir abreiße, denn ich komme aus deiner Hand und falle wieder in deine Hand.

25 **Jesus sagt: Wer von dem Wasser trinkt, das ich ihm geben werde, wird in Ewigkeit nicht dürsten, sondern das Wasser, das ich ihm geben werde, wird in ihm zur sprudelnden Quelle werden, deren Wasser ewiges Leben schenkt.**
(Joh 4,14)

Ein Brunnen in der Nähe eines alten Bauernhauses hatte selbst bei größter sommerlicher Dürre sein kühles, köstliches Nass ge-

spendet. Im Zuge der Modernisierung wurde er versiegelt. Bis ein alter Hausbewohner noch einmal in die feuchte Tiefe schauen wollte. Und was entdeckte er? Der Brunnen war ausgetrocknet! Die zahllosen winzigen Rinnsale, die einen solchen Brunnen speisen, versiegen, wenn sie nicht immer wieder abgeschöpft werden. (nach John A. Sanford)
Ob es mit unseren Lebens- und Liebeskräften, aus denen sich unser Alltag speist, nicht ähnlich ist?: Vertrauen, lieben, loslassen, teilen … muss täglich geübt werden!

Herr, lass deine Quellen in mir nie versiegen!

Jedem Menschen wird die Offenbarung des Geistes Gottes geschenkt, damit sie anderen nützt. (1 Kor 12,7) 26

Bin ich als Einzelner nicht letztlich machtlos? Nein: Wenn sich bei der Betriebsversammlung oder in der Klasse nur ein Einziger in seiner Wortmeldung gegen den Trend stellt, hat das Einfluss; es ermutigt andere, die sich bisher ängstlich zurückhielten. So kann die Diskussion eine völlig andere Richtung nehmen.
Eine Vogelstimme kann eine Lawine in Gang bringen, und eine winzige, unendlich zarte, fast gewichtslose Schneeflocke kann mit Abermillionen anderer solcher Schneeflocken einen Schnellzug zum Halten zwingen.
Ein afrikanisches Sprichwort sagt: „Wenn viele kleine Leute an vielen kleinen Orten viele kleine Schritte tun, dann können sie das Angesicht der Erde erneuern."

Herr, ich will versuchen, Widerspruch zu wagen. Gib mir dabei den richtigen Ton.

Seid gütig zueinander, seid barmherzig und vergebt einander, wie auch Gott euch durch Christus vergeben hat. (Eph 4,32) 27

Was predigt ein Priester einem Brautpaar, das mit leuchtenden Augen das „Ja" sprechen will?
Ein neu geweihter Priester gab sich vor seiner ersten Trauung gro-

ße Mühe. In seinen Überlegungen fragte er spontan eine alte Frau, der er begegnete, um Rat: „Was ist Ihrer Meinung nach das Wichtigste, das ich den Brautleuten mit auf den Weg geben sollte?“ Die Frau antwortete ebenso spontan: „Sagen Sie ihnen, sie sollen einander immer wieder verzeihen!“

Herr, ich brauche nicht um des billigen Friedens willen zu Kreuze zu kriechen, aber lass das Verzeihen wie Öl in den Reibungen des Miteinanders wirken!

28

Da sprach Gott zu ihm: Du Narr! Noch in dieser Nacht wird man dein Leben von dir zurückfordern. Was du aber bereitgelegt hast, wem wird es zufallen? So geht es jedem, der nur für sich selbst Schätze sammelt, aber nicht reich ist vor Gott. (Lk 12,20f)

Manche blättern demonstrativ in ihrem Terminkalender oder führen, gut sichtbar, ihr Handy mit sich, um ihre Wichtigkeit zu dokumentieren. Aber eigentlich kommt es nicht darauf an, wie vielen Personen ich begegne, sondern *wie* ich ihnen begegne – denn der, der mir *gerade* begegnet, ist der Wichtigste; und der wichtigste Tag im Jahr ist immer der *heutige*, denn allein die Tat, die *jetzt* von mir gefordert wird, zählt.

Herr, jeden Tag kann ich Liebe und Freude verschenken. Schenke du mir ein frohes Herz und offene Hände.

29

König Salomo auf das Angebot Gottes, dass er *eine* Bitte freihabe: Verleih deinem Knecht ein hörendes Herz, damit er … das Gute vom Bösen zu unterscheiden versteht. (1 Kön 3,9)

Warum ist ein kulturelles Ereignis manchmal „nichts gewesen“, warum gelingt auch manches Gespräch oder Gebet nicht?
Weil, wie ein erfahrener Mann der Meditation sagte, wir oft sitzen, aber in Gedanken schon stehen; wir oft stehen, aber im Geist schon laufen; wir oft laufen, aber in unserer Phantasie schon an-

gekommen sind; wir vielleicht beten wollen, aber innerlich schon bei den Geschäften des Tages sind …

Herr, schenke mir Einsicht und Aufmerksamkeit, den Augenblick richtig auszukosten!

Herr, du meine Stärke, eile mir zu Hilfe! 30
(Ps 22,20)

„Kannst du denn nicht lauter um Hilfe schreien?", fragte der Mann das schluchzende Kind, dem ein Jugendlicher Geld abgenommen hatte. „Nein", antwortete das Kind und blickte den Mann mit neuer Hoffnung an, weil dieser es anlächelte. Aber der Mann sagte: „Dann gib auch noch deine letzten Groschen her!", nahm dem Kind das restliche Geld weg und verschwand.
So provozierend weist Bert Brecht in einer Geschichte darauf hin, dass Unrecht und Gewalttaten oft nur deshalb so unausrottbar bleiben, weil die Betroffenen – aus oft verständlichen Gründen – nichts dagegen unternehmen.

Herr, ich will es nicht bei Empörung über Unrecht, das in meinem Umfeld geschieht, belassen. Gib meinem Mut Rückenwind, dagegen anzugehen.

Die Liebe hat einen langen Mut. 31
(nach 1 Kor 13,4)

Als der amerikanische Präsident Benjamin Franklin († 1790) einmal gefragt wurde, warum er eine Sache trotz großer Hindernisse nicht aufgebe, antwortete er: „Betrachten Sie einen Steinmetzen bei der Arbeit! Er schlägt vielleicht hundertmal auf die gleiche Stelle, ohne dass nur der kleinste Riss sichtbar wird. Aber dann, beim hundertundersten Schlag, springt der Stein plötzlich entzwei." Es ist nicht dieser eine Schlag, der den Erfolg bringt, die hundert anderen vorher trugen mit dazu bei. (nach James Keller)

Herr, ich weiß, nur steter Tropfen höhlt den Stein. Ich will versuchen, auch in scheinbar aussichtslosen Situationen nicht so schnell „die Flinte ins Korn zu werfen".

FEBRUAR

1 **Lass dich vom Bösen nicht besiegen, sondern besiege das Böse durch das Gute!** (Röm 12,21)

So müsste man mit Kritik umgehen können:
Ein Affe warf einem Mann von einem Baum eine Kokosnuss an den Kopf. Der Mann hob die Nuss auf, trank die Milch, aß das Fruchtfleisch und machte sich eine Schüssel aus der Schale. (nach Anthony de Mello)

Herr, ich will versuchen, auf Kritik nicht beleidigt zu reagieren, sondern nach dem „Körnchen Wahrheit" zu suchen, die in ihr steckt.

2 **Einst wart ihr Finsternis, jetzt aber seid ihr Licht im Herrn. Wandelt als Kinder des Lichts! Denn die Frucht des Lichts besteht in lauter Güte und Gerechtigkeit und Wahrheit.** (Eph 5,8f)

Ein Glasmaler lud sein Töchterchen, das durch die Werkstatt lief, zur Mitarbeit ein: So reichte es dem Vater ein buntes Glasscheibchen nach dem anderen, die der Vater jeweils in die Umrisse einer Skizze legte. Wie zum Zeitvertreib erzählte er dem Kind: „Unser Leben ist wie so ein großes Glasfenster. Jeder Tag ist ein Scheibchen, dem wir Farbe geben – ob wir nun mehr lachen oder weinen, mehr vertrauen oder mehr klagen. Gott kann alle Farben gebrauchen und macht das Lebensfenster daraus. Dabei kommt es für uns darauf an, dass wir durch unser Fenster die Sonne Gottes scheinen lassen, damit es eine bunte Freude für die Welt wird."

Danke, Herr, dass deine Sonne durch die Dunkelheiten, Alltäglichkeiten und Sternstunden meines Lebensfensters scheint und ihnen Leuchtkraft und Schönheit verleiht.

Strebe unermüdlich nach Glauben, Liebe und Sanftmut. (1 Tim 6,11) 3

„‚Kopf ab' wäre das einzig Senkrechte!" Wer kennt nicht diese markigen Sprüche? Alexander der Große machte es vor: Er besah sich den berühmten gordischen Knoten, der demjenigen Weltruhm versprach, der ihn aufknüpfen könne, zog kurz entschlossen sein Schwert und hieb den Knoten durch.
Meine Mutter hätte die Originalität des jungen Königs nicht gelobt. Ärgerlich hätte sie gesagt: „Kordeln kann man immer gebrauchen."
Heute sind mehr die Leute gefragt, die die dicken Problemknoten der Welt nicht mit Sprengstoff lösen, sondern in zähen Verhandlungen den Knoten aufdröseln. (nach Erich Kästner)

Herr, schenke mir mehr Geduld als Alltagsform der Liebe!

Dient einander mit der Gabe, wie sie ein jeder empfangen hat, als treue Sachwalter der vielfältigen Gnade Gottes. (1 Petr 4,10) 4

Wir werden krank, wenn wir nicht füreinander da sein wollen – oder nicht mehr gebraucht werden. (nach Kyrilla Spiecker)
Ein alter Mann lag schon lange in kritischem Zustand im Krankenhaus. Verzweiflung und Hoffnung, Selbstaufgabe und Kampf stritten miteinander. Alle Gebete blieben „unerhört".
Eines Tages schüttelte der untersuchende Arzt den Kopf, maß den Blutdruck zum zweiten Mal, staunte über die Laborwerte. „Was ist los, von einem Tag zum anderen sind alle Werte viel besser!?"
Langsam nickte der alte Mann und lächelte ein wenig: „Gestern hat mich mein sechsjähriger Enkel besucht. Er sagte zu mir: ‚Großpapi, jetzt musst du wirklich bald nach Hause kommen, mein Fahrrad ist kaputt!'" (nach Martin Lienhard)

Es kommt nicht darauf an, wie alt *man ist, sondern* wie *man alt ist.*
Herr, hilf mir, auch im Alter die Berge, die ich nicht versetzen kann, zu ersteigen.

5 **Prüft alles, und das Gute behaltet! Von jeder Art des Bösen haltet euch fern!** (1 Thess 5,21f)

Wer sich wahllos alles vom Fernsehen bis zum Internet einverleibt, hat auf einmal „Ratten an Bord".
Ein Pilot stellt während des Fluges fest, dass eine Ratte in sein Flugzeug geraten ist. Es überläuft ihn eiskalt: Wenn sie mit ihren scharfen Zähnen ein Kabel annagt, kann das seinen Absturz verursachen. Soll er eine Bruchlandung riskieren? Nein, er stellt das Höhenruder ein und lässt sich in Luftschichten tragen, in denen die Ratte nicht mehr leben kann.

Herr, ich möchte Menschen begegnen, an denen ich mich orientieren kann. Wenn ich „höher steige", haben negative Einflüsse weniger Chancen.

6 **Die Liebe erträgt alles, sie glaubt alles, sie hofft alles, sie erduldet alles.** (1 Kor 13,7)

Neunzehn Tage lang trieb ein achtzehnjähriger Deserteur in einem Schlauchboot im Pazifischen Ozean – ohne Wasser und Nahrung. Er wurde gerettet und sagte im Krankenhaus später allen, die ihn besuchten: „Es war schrecklich und quälend langweilig!" Und: „Ich habe nur überlebt, weil ich an meine Freundin gedacht habe!"

Herr, viele Menschen schöpfen große Kraft aus der Liebe zu dir und zueinander. Danke!

7 **Freut euch mit den Fröhlichen und weint mit den Weinenden!** (Röm 12,15)

Wer sich den Begegnungen mit den Menschen stellt, wird mancherlei Verwundungen ertragen müssen.
Erginge es uns lieber wie dem blütenweißen Blatt Papier, das – wie Khalil Gibran († 1931) schreibt – seine Reinheit behalten will und eher ins Feuer gehen möchte als von etwas Dunklem oder gar Unreinem befleckt zu werden? Das Tintenfass lacht darüber

tief in seinem dunklen Herzen, wagt dann aber doch nicht, das weiße Blatt zu berühren. So bleibt es rein – aber leer.
Ähnlich der Mensch, der Gott im Gericht die Hände hinhält und spricht: „Siehe, Herr, ich habe dein Gesetz beachtet, habe nichts Unrechtes, Böses oder Frevelhaftes getan. Meine Hände sind rein!" Gott aber antwortet: „Ohne Zweifel – doch sie sind leer." (nach Raoul Follereau)

Herr, ich weiß, Schuld kann ich auch dadurch auf mich laden, dass ich Gutes unterlasse. Erinnere mich daran, wenn ich mich zurückziehen will, obwohl ich unbedingt handeln müsste.

Frage und forsche, suche und finde! Dann enthüllt die Weisheit sich vor dir, und hast du sie erfasst, lass sie nicht los. (Sir 6,27) 8

Diese Weisheit findet sich auch bei Konfuzius († 479 v. Chr.): Jeden Tag prüfe ich mein Verhalten in dreifacher Hinsicht: War ich getreu in meinen Bemühungen für andere? War ich aufrichtig im Umgang mit Freunden? Habe ich angewandt, was mir an Wissen übermittelt wurde?

Herr, hilf mir, jeden Tag ein wenig Zeit zum Nachdenken zu finden!

Jesus sagt: Ich bin der Weg und die Wahrheit und das Leben. (Joh 14,6) 9

Wer dem anderen die Wahrheit wie einen nassen Lappen um die Ohren schlägt, wird bald ohne Freunde dastehen. Man müsste sie wie einen Mantel hinhalten, in den der andere schlüpfen kann …
Einst ging die „Wahrheit" nackt durch die Straßen, aber alle flüchteten voller Angst vor ihr. Da begegnete sie dem „Märchen", das geschmückt mit prächtigen Kleidern seinen Weg ging. „Warum so bedrückt?", fragte das Märchen. „Ach, ich bin alt, und keiner will mich kennen", seufzte die Wahrheit. „Nein", erwiderte das Märchen, „es liegt nicht am Alter, denn je älter ich werde, desto mehr lieben mich die Menschen. Du musst dich ein wenig verkleiden –

ich borge dir etwas –, dann lieben dich die Leute auch." Seitdem gehen Wahrheit und Märchen oft gemeinsam aus. (nach einem jüdischen Märchen)

Herr, wenn ich die Wahrheit zu kennen glaube, dann hilf mir, sie liebevoll zu sagen.

10

Lebt als Kinder des Lichts! Denn die Frucht des Lichts besteht in lauter Güte und Gerechtigkeit und Wahrheit. (Eph 5,8f)

Auf die Frage „Was ist der Sinn des Lebens?" holte ein Mann eine kleine Spiegelscherbe aus seiner Brieftasche und sagte: „Als Kind fand ich diese Scherbe. Es faszinierte mich, damit Licht auf dunkle Stellen zu lenken, die das Sonnenlicht niemals erreicht. – Das empfand ich als ein Gleichnis für mein Leben: Ich bin Bruchstück eines Spiegels, mit dem ich Licht auf die dunklen Stellen im Herzen der Menschen werfen und Geborgenheit, Vertrauen, Hilfe und Güte schenken kann." (nach Robert Fulghum)

Herr, hilf mir dabei, wie ein Stück Spiegelscherbe all das an andere weiterzuschenken, was ich an „Licht" von dir und den Mitmenschen bekommen habe.

! *Hinweis:*
An den *Karnevalstagen* nehmen Sie bitte die Gedanken vom 15. bis 20.2.
An *Aschermittwoch* die vom 21.2.
und in der *Fastenzeit* die ab 22.2. bis 31.3.
Wenn die Fastnachtstage spät liegen, nehmen Sie bitte die Texte ab dem 10.4.

11

Sechs Tage darfst du arbeiten und all deine Arbeit tun, aber der siebte Tag ist ein Ruhetag, dem Herrn, deinem Gott geweiht. (Dtn 5,13f)

Die Sonntagsruhe wird nicht nur von der Industrie mehr und mehr in Frage gestellt. Auch die Zahl der verkaufsoffenen Sonntage steigt. Kirchen und Psychologen beklagen schon den Verlust der Sonntagskultur: Für viele Menschen ist der Sonntag ein Genuss- und Lusttag, andere dagegen stöhnen unter Leere und

Langeweile, unfähig, mit Stille und Muße noch etwas anzufangen. Der unscheinbare siebte Bruder, der Sonntag, wurde einmal von den sechs anderen Brüdern, den Werktagen, Faulenzer und Tagedieb genannt. Deshalb ging auch er zur Arbeit. Was geschah?: Wenn sie jetzt alle müde und abgespannt nach Hause kamen, wurden sie von keinem hellen Lichtschein und keiner fürsorglichen Hand erwartet; Herzlichkeit und Entspannung fehlten. Und deshalb setzten sie ihn wieder in sein Amt ein.
Auch die Führer der Französischen Revolution kehrten zum Sieben-Tage-Rhythmus zurück, weil zu viele Menschen erkrankten, wenn ihnen nur alle zehn Tage ein arbeitsfreier Tag zugestanden wurde.

Herr, wir müssen den Anfängen wehren, damit uns das Geschenk des Sonntags wertvoll bleibt.

Wir werden nicht müde, wenn auch unser äußerer Mensch aufgerieben wird; der innere aber wird Tag für Tag erneuert. (2 Kor 4,16) 12

In einer schwierigen Situation verhalten sich Menschen sehr unterschiedlich – so wie die drei Frösche, die in ein Fass Milch fielen: Einer von ihnen war Pessimist. „Da kann man nichts machen!“, sagte er – und ging unter. Der zweite war Optimist: „Irgendwie werde ich schon herauskommen; vielleicht kommt jemand vorbei, der hilft.“ Er schwamm eine Zeit lang herum. Dann ging auch er unter.
Der dritte war Realist. Er strampelte und strampelte – stundenlang. Plötzlich fühlte er etwas Festes unter seinen Füßen: Er hatte die Milch zu Butter gestrampelt. Nun kletterte er auf den Butterkloß und sprang hinaus.

Herr, gib mir „Rückenwind“, wenn ich aufgeben will, wo ich durchhalten müsste.

13 **Wer sich selbst nichts gönnt, wem ist der gut? Er kann seinem eigenen Glück nicht begegnen.** (Sir 14,5)

Wir Menschen sind in erster Linie auf der Welt, um zu leben, zu lachen und zu lieben, kurz: um glücklich zu sein. Wir leben nicht, um zu arbeiten, sondern wir arbeiten, um zu leben.
Phil Bosmans schreibt dazu: „Die Menschen leben immer länger, aber nicht immer glücklicher. Zuerst arbeiten sie, um zu leben, und zuletzt arbeiten sie und vergessen zu leben. Sie haben nichts begriffen ... Wie kann man in einer Zeit mit so viel Wissenschaft so dumm sein!"

Herr, lass mein Leben gelingen und in Bahnen verlaufen, die dir gefallen.

14 **Der Bauer wartet auf die köstliche Frucht der Erde, er wartet geduldig ... So geduldig sollt auch ihr sein.** (Jak 5,7f)

Wer eine umfangreiche Aufgabe unter Zeitdruck zu erledigen oder einen Tag, dicht gefüllt mit Terminen, vor sich hat, muss es wie Beppo, der Straßenkehrer, in Michael Endes Buch „Momo" machen: Der hatte eine lange, lange Straße zu fegen. „Man darf nie an die ganze Straße auf einmal denken, verstehst du?", sagte Beppo zu dem Mädchen Momo. „Man muss nur an den nächsten Schritt denken, an den nächsten Atemzug, an den nächsten Besenstrich. Und immer wieder nur an den nächsten! Dann macht es Freude. Und auf einmal merkt man, dass man Schritt für Schritt die ganze Straße gemacht hat."

Herr, lass mich bei den Besenstrichen meiner Aufgaben einen langen Atem haben.

15 **Frohsinn ist Leben für den Menschen, Fröhlichkeit verlängert ihm die Tage.** (Sir 30,22)

„Gegen die gewöhnlichen Versuchungen", sagte ein Mönch, „helfen Gebet und Fasten. Wenn das nicht hilft, musst du singen. Denn noch nie hat eine Versuchung einen fröhlichen Menschen bezwungen." (nach Roland Breitenbach)

Herr, schon der indische Dichter und Philosoph R. Tagore (Nobelpreis 1913; † 1941) sagte: „Du achtest den Menschen, der arbeitet; aber du liebst ihn, wenn er singt." So hilf mir singen, damit dieses doppelte Gebet all meine Traurigkeit überwindet.

Die Freude am Herrn ist eure Zuflucht! 16
(Neh 8,10)

Einmal schrieb Mutter Teresa von Kalkutta: „Die Freude muss der Grundzug unseres Lebens sein. Was wäre unser Orden, wenn unsere Schwestern nicht froh wären? Wir wirkten für niemand anziehend. Stellt euch vor, eine Schwester ginge mit traurigem Gesicht und schweren Schritten in die Barackenviertel. Sie würde diesen armen Leuten nichts Gutes bringen, sondern ihre Niedergeschlagenheit nur vergrößern."
Wer von Freude erfüllt ist, predigt also, ohne zu predigen.

Herr, gib mir den Rückenwind deiner Freude und mache mir bewusst, mit wie vielen Anlässen zur Freude meine Tage gesegnet sind.

Iss freudig dein Brot, und trink vergnügt deinen Wein. 17
(Koh 9,7)

In den Tagen der lauten Freude dürfen wir uns erinnern, wie wichtig Humor ist:
Humor ist der Knopf, der verhindert, dass uns der Kragen platzt. –
Humor ist der Schwimmgürtel auf dem Strom des Lebens. –
Humor und Geduld sind die Kamele, mit denen wir durch jede Wüste kommen. –
Humor ist der Regenschirm der Weisen. (Erich Kästner)
Freude ist der Doktorhut des Glaubens. (Martin Luther)
Die beste Entspannungspolitik ist immer noch ein Lächeln.

Danke, Herr: Jemand hat mir zugelächelt.

18 **Der Gott der Hoffnung erfülle euch mit aller Freude und mit allem Frieden durch den Glauben, damit ihr reich werdet an Hoffnung durch die Kraft des Heiligen Geistes.** (Röm 15,13)

Des Öfteren habe ich schon „Stimmungskanonen" erlebt, die in einer stillen Stunde offenbarten, dass ihr Herz eigentlich oft weine. Es ist wie mit dem Mann, der mit seinem Leben nicht mehr fertig wurde und deshalb zum Psychiater ging. Am Ende der Beratung erhielt er noch einen Tipp: „Gehen Sie in den Zirkus, der zurzeit in unserer Stadt gastiert. Dort tritt ein großartiger Clown auf, der Sie aufheitern wird!" Da erschrak der Patient, packte den Arm des Arztes und sagte: „Herr Doktor, dieser Clown bin ich!" (nach Kurt Bucher)

Gott der Hoffnung, schenke mir etwas von der echten Heiterkeit des Herzens, die auch andere anstecken kann.

19 **Das Reich Gottes besteht nicht in Essen und Trinken, sondern in Gerechtigkeit, Frieden und Freude im Heiligen Geist.** (Röm 14,17)

Menschen, die anderen Freude bereiten, brauchen am Ende keine Angst zu haben. So erzählt eine Legende von einem Mann, der wie alle anderen vor den Richter Jesus Christus treten musste. Zu jedem hatte Jesus Freundliches zu sagen: „Ja, ich hatte Hunger, und du hast mir zu essen gegeben. Bravo, ab in den Himmel!" Oder zu einem Kind: „Keiner wollte etwas mit mir zu tun haben. Du aber hast mich mitspielen lassen. Bravo, ab in den Himmel!" Der Mann dachte jedes Mal an sein eigenes Verhalten: *Er* hatte Schwache nicht verteidigt, Kranke nicht besucht … Da war er schon an der Reihe und trat zitternd vor den Herrn. Jesus schaute ihn an und sagte: „Ich war traurig und niedergeschlagen, da hast du mir Witze erzählt und mich zum Lachen gebracht. Ab in den Himmel!" (nach Papst Johannes Paul I., dem „lächelnden Papst", der nach 33 Tagen Amtszeit starb)

Herr, die „Freude, die wir geben, kehrt ins eigene Herz zurück". Und: „Geteilte Freude ist doppelte Freude." Lass dies auch meine Erfahrung werden.

Mach mich wieder froh mit deinem Heil!
(Ps 51,14)

20

Freude schiebt die Wolken des Trübsinns vor der Sonne weg.
Ein Rabbi stand auf einem belebten Marktplatz und entdeckte plötzlich im Gewühl den Propheten Elija, der offensichtlich wieder Mensch geworden war. So eine Gelegenheit! Und er fragte den Propheten: „Gibt es unter den vielen Menschen hier einen einzigen, der in den Himmel kommen wird?“ (Und dachte im Stillen: Ich selbst werde wohl dabei sein!) „Nein“, sagte der Prophet, „keinen einzigen!“
Schließlich kamen zwei Männer auf den Marktplatz. Der Prophet sagte sofort: „Diese beiden da: ja!“ Da lief der Rabbi zu ihnen hin und wollte wissen, was das für Leute sind. Und was gaben sie zur Antwort?: „Wir sind Clowns. Wenn wir jemanden sehen, der traurig ist, heitern wir ihn auf!“ (nach J. Petuchowski)

Herr, danke für die Menschen, die Freude bringen.

Ijob antwortete Gott: Ich widerrufe und bereue in Staub und Asche. (Ijob 42,6)

21

Das Aschenkreuz auf der Stirn mag bei manchen nur negative Gefühle auslösen: „Asche zu Asche“ heißt es im evangelischen Begräbnisritus; „alles liegt in Schutt und Asche“, sagt man nach einer Feuersbrunst, die von der Herrlichkeit eines Hauses, Autos oder Flugzeuges nichts übrig lässt.
Doch das Zeichen auf der Stirn möchte eigentlich an Positives erinnern: An Ostern stieg Jesus wie ein „Phönix aus der Asche“ und siegte über den Tod. So soll auch in uns wieder neue Hoffnung gegen die Ahnungen des Todes wachsen: Denn die Asche verbrannter Bäume wird als Dünger für neue Saat benutzt, und Asche auf vereisten Wegen festigt unseren Schritt.

Herr, befreie uns von aller Dunkelheit und Traurigkeit des Denkens und Fühlens. Erfülle uns mit Zuversicht und Freude. Ja, mach unseren Blick frei für die große Zukunft, die du uns zugesagt hast.

22 **Herr, du hast mich erforscht, und du kennst mich. Sieh her, ob ich auf dem Weg bin, der dich kränkt, und leite mich auf dem ewigen Weg!** (Ps 139,1.24)

Viele meinen, es ginge nicht ohne Masken im Leben, um im Versteckspiel unsere Schwachstellen zu schützen, um in vorgetäuschten Selbstsicherheiten, Scheinwelten, ja Lebenslügen mehr zu scheinen als zu sein. Muss es wirklich sein? Wir haben doch auch schon die Erfahrung gemacht, durch den „altbewährten Weg", etwa der Ehrlichkeit, die Schwächen zugibt, auch anderen Mut zu machen und ihre Maske ein Stück zu lüften.

Herr, solange ich mich nicht so gebe, wie ich wirklich bin, lass mich auch die Heuchelei anderer nicht so eng sehen. Danke, Herr, dass du *mich so annimmst, wie ich bin.*

23 **Jesus sagt: Die Pforte, die zum Leben führt, ist eng, und der Weg dahin ist schmal.** (Mt 7,14)

Wer schon ein Heil-Fasten (unter Anleitung) gemacht hat, wird überrascht von all den Veränderungen, die in ihm vorgehen: Körper und Seele werden gereinigt, die einfache Lebensweise schenkt Klarheit und inneren Frieden.
Fasten ist wie ein Umzug: Wir entledigen uns überflüssiger Dinge und machen einen neuen Anfang.

Herr, lass mich das „Nein-Sagen" üben, damit ich mich mehr dem wirklich Wichtigen widmen kann.

24 **Gesät wird ein irdischer Leib, auferweckt ein überirdischer Leib.** (1 Kor 15,44)

Eine Art „Auferstehung" können wir beim ernsthaften Fasten erfahren: Der Körper wird entschlackt, die Bildung frischer Zellen angeregt.
Die Sinne werden geschärft. Besonders die Augen werden wacher, leuchtender, lebendiger, können intensiver sehen. Der Anfang ist schwer, weil uns zunächst Hungergefühle, Schwäche und Kopf-

schmerzen zu schaffen machen. Aber dann zeigt sich die beglückende Seite: Wir werden gelassener und gewinnen eine positivere Lebenseinstellung und Weltsicht. (nach Anselm Grün)

Herr, schenke mir täglich Augenblicke der Auferstehung aus den Ängsten und bedrängenden Pflichten.

25

Jesus sagt: Kommt alle zu mir, die ihr mühselig und beladen seid. Ich will euch Ruhe geben. (Mt 11,28)

Die Seele braucht Stillezeiten, um sich zu erholen und wieder zu sich zu kommen. Was das heißt, erfuhren Touristen in der Wüste, die einem Einsiedler beim Schöpfen des Wassers aus einer Zisterne zusahen und fragten: „Diese ewige Stille hier. Was hat man davon?“ Der Mönch bat sie, in die Zisterne zu schauen. „Was seht ihr?“, fragte er. „Nichts“, gaben sie zur Antwort. – Nach einer kurzen Stille bat er sie abermals, in die Zisterne zu schauen. „Was seht ihr jetzt?“ „Jetzt können wir unser Gesicht auf der Wasseroberfläche gespiegelt sehen.“ „Das ist die Erfahrung der Stille“, schloss der Einsiedler: „Man sieht sich selber!“

Herr, „fange mich ein“ in mancher Hektik und Unrast, damit ich mich nicht zu weit von meiner Mitte entferne.

26

Alles hat seine Stunde. Schweigen hat seine Zeit, und Reden hat seine Zeit. (Koh 3,1.7)

Es war schon eine kleine Sensation, als der ehemals berüchtigte APO-Student Langhans den Talkmaster und späteren Moderator des „Frühschoppens“ Werner Höfer bat, doch einmal zwei Minuten lang zu schweigen – und das in einer Livesendung!
„Ich habe in der Stille der Gefängniszelle wieder zu mir zurückgefunden. Schweigen ist die wichtigste Voraussetzung für das so wichtige Gespräch mit sich selbst!“, begründete Langhans.

Herr, manchmal fühle ich mich, als sei ich von einem fahrenden Karussell abgesprungen. Hilf mir dann, dass ich wieder zu meiner Mitte zurückfinde.

27 **Mancher schweigt, weil er die rechte Zeit beachtet. Ein weiser Mensch schweigt bis zur rechten Zeit.** (Sir 20,6f)

Hektik und Eile machen krank.
Der Geschäftsmann war entsetzt, als ihm der Therapeut sagte: „Wie der Fisch auf dem Trockenen zugrunde geht, so wird es auch Ihnen ergehen, wenn Sie in diesem Tempo weiterleben!" „Muss ich mein Geschäft aufgeben?" „Nein, nein", antwortete der Therapeut, „aber Ihre Seele vertrocknet. Sie braucht Ruhephasen und ‚Oasen'!" (nach Anthony de Mello)

Herr, ich will versuchen, in Harmonie mit mir und meinen Mitmenschen zu leben, damit ich den inneren Frieden finde.

28 **Jesus sagt: Wenn ihr nun mit dem ungerechten Reichtum nicht zuverlässig gewesen seid, wer wird euch das wahre Gut anvertrauen?** (Lk 16,11)

Die Spirale der Wünsche und Ansprüche kann sich ins Unermessliche steigern. Nur hält das die Umwelt nicht aus:
Im Märchen „Vom Fischer und seiner Frau" sehen wir diese Spirale. Die Frau, die in einem stinkenden Loch wohnt, wünscht sich vom Wunderfisch zunächst eine kleine Hütte, dann ein Schloss; sie will Königin, Kaiserin, Papst, ja schließlich wie Gott werden – und sitzt dann wieder im alten Loch.
Gleichzeitig wird das Meer bei dieser Maßlosigkeit unruhiger, gewittriger – bis die See kocht, ja explodiert. –
In der Spirale gibt es auch den Weg zurück. Das „Wie" ist schwierig, will doch kaum einer z.B. auf sein Auto und all die Bequemlichkeiten unserer Zivilisation verzichten; aber wenn ein Überleben für alle gefunden werden soll, *muss* es ein „Zurück" geben.

Herr, es ist schwer, die „goldene Mitte" zu erkennen, aber lass mich in der Spirale meiner Ansprüche den Weg zurück finden.

Jesus sagt: Der Mensch lebt nicht vom Brot allein! (Mt 4,4)

29

Übertriebener Konsum benebelt unsere Sinne und tötet langsam die Seele.
Es ist wie mit den „Todesblumen“ im Urwald: Ihr benebelnder Veilchenduft strömt aus Millionen Blüten und macht trunken in all den Schönheiten. Wer sich nicht rechtzeitig aus solchen Zonen entfernt, bezahlt die reizende Wunderwelt mit dem Leben. –
Bin ich schon abhängig oder gar süchtig?

Herr, befreie mich von den „geheimen“ Verführungen, die der Seele die Luft nehmen.

MÄRZ

1 **Auch ist es mit dem Himmelreich wie mit einem Kaufmann, der schöne Perlen suchte. Als er eine besonders kostbare Perle gefunden hatte, ging er hin, verkaufte alles, was er hatte, und kaufte sie.** (Mt 13,45f)

„Ohne Anstrengung und ohne Bereitschaft, Schmerz und Angst zu durchleben, kann niemand wachsen“, sagt Erich Fromm. Es ist wie mit der Muschel, die ihre Schalen so weit geöffnet hat, dass das Wasser genießerisch über ihre Zunge fließt. Plötzlich trifft sie etwas Hartes, Spitzes; ein winziger scharfer Stein, der sie töten kann. Sie streckt ihre Muskeln, den Quälgeist loszuwerden. Umsonst. Da legt sie langsam um ihn herum eine Perlmutterschicht. Zehn Jahre kann der Prozess dauern: Dann ist aus der lebensgefährlichen Bedrohung eine Perle geworden. (nach Peter Frowein)

Herr, ich brauche einen langen Atem, wenn es mich trifft. Hilf mir, meine Ungeduld zu überwinden.

2 **Die Zunge ist nur ein kleines Körperglied und rühmt sich großer Dinge. Und wie klein kann ein Feuer sein, das einen großen Wald anzündet.** (Jak 3,5)

Reden ist nicht immer Silber, Schweigen nicht immer Gold. Von Sokrates († 399 v. Chr.) wird erzählt, dass er seinem Freund Einhalt gebot, als der ihm aufgeregt eine Neuigkeit erzählen wollte, und sagte: „Hast du das, was du mir sagen willst, durch die drei Siebe geschüttelt?“ Dem verdutzten Freund erklärt er dann die drei „Siebe“: Hast du geprüft, ob es *wahr* ist, was du gehört hast; ob es etwas *Gutes* ist, was du mir weitererzählen willst, und ob es *notwendig* ist, das zu erzählen, was dir so verlockend auf der Zunge liegt?
Was alles würde uns und die Welt weniger belasten, wenn wir

Gehörtes durch die drei Siebe der Wahrheit, der Güte und der Notwendigkeit schüttelten!

Herr, ich werde mich bemühen, Positives über andere weiterzuerzählen.

Wer das Leben liebt und gute Tage sehen will, der hüte seine Zunge vor Bösem und seine Lippen vor falscher Rede. 3
(1 Petr 3,10)

Wie viel Unrecht hat böse Geschwätzigkeit schon angerichtet, bis hin zum Mobbing am Arbeitsplatz.
Aus dem Mittelalter sind uns drastische, aber anschauliche Beispiele für die Wirkung verleumderischer Reden überliefert. So gab ein Beichtvater einem geschwätzigen Menschen die Buße auf, ein Kopfkissen aufzuschlitzen und die Federn auf die Straße zu streuen. Das war aber nur der erste Teil. Der zweite Teil der Buße bestand darin, die Federn wieder einzusammeln. „Aber das geht nicht mehr! Die sind doch in alle Welt zerstreut!", erschrak der Mensch. „So ist es auch mit Rufmord", sagte der Beichtvater, „er ist nie wieder gutzumachen. Es bleibt immer etwas hängen."

Herr, ich will mir immer wieder bewusst machen, welche nicht wiedergutzumachenden Schäden an der Ehre und am Leumund meiner Mitmenschen verantwortungsloses, törichtes, unbedachtes Reden anrichtet. Hilf mir, meine Zunge im Zaum zu halten.

Jesus sagt: Ihr wisst, dass die Herrscher ihre Völker knechten und die Großen ihre Macht missbrauchen. Unter euch soll es nicht so sein, sondern wer unter euch groß sein will, soll euer Diener sein, und wer unter euch der Erste sein will, soll euer Knecht sein. Denn auch der Menschensohn ist nicht gekommen, um sich bedienen zu lassen, sondern um zu dienen. (Mt 20,25–28) 4

Ein Theologiestudent erfuhr in einer Seminarübung, dass man im heißen Wüstensand Ägyptens einen kleinen Papyrusfetzen gefunden hatte, auf dem nur ein Satz stand: „Wer der Größte unter euch sein will, der sei euer aller Diener!“ Der Student berichtete, dass der Professor an dieser Stelle die Brille abnahm, alle nachdenklich, wenn auch sehr freundlich ansah und nach einer kurzen Pause erklärte: „Wenn es vom ganzen Neuen Testament nur dieses eine Wort Jesu gäbe, wäre das für mich ausreichender Anlass, entweder Christ zu werden oder es zu bleiben.“ (nach Martin Krolzig)

Herr, schenke mir die Bereitschaft, wenigstens an einer Stelle bewusst zu dienen.

5 **Er vollbringt mit seinem Arm machtvolle Taten: Er zerstreut, die im Herzen voll Hochmut sind; er stürzt die Mächtigen vom Thron und erhöht die Niedrigen.** (Lk 1,51f)

In uns muss manche Überheblichkeit zerbrechen, bis wir demütig genug sind zu erkennen, dass uns letztlich alles geschenkt ist.
So erzählt eine Teekanne, die Schweres erlebt hatte: „Einst herrschte ich auf dem Tisch mit einem Herzen aus Stein! Was waren denn die anderen ohne mich – die Geberin des Wichtigsten? Und ich habe sie es spüren lassen! Als mich eine Hand versehentlich fallen ließ und ich ohne Henkel, Deckel und Tülle einer Bettlerin mitgegeben wurde, erlebte ich im Dienen meine höchste Erfüllung: Die Bettlerin füllte mich mit Erde und legte eine Blumenzwiebel hinein, die mein neues, lebendiges Herz wurde. Alle bewunderten die herrliche Blüte, die aus ihr erwuchs, nicht mich; aber ich wusste, dass ich ihr Halt und Hilfe war.“ (nach einem Märchen von Hans Christian Andersen)

Herr, erinnere mich an meine Schattenseiten und Schwächen, wenn ich hochmütig zu werden drohe. Doch mache mir auch meine Vorzüge und Stärken bewusst, wenn mich Minderwertigkeitskomplexe plagen.

Der Vater sah den Sohn schon von weitem kommen, und er hatte Mitleid mit ihm. Er lief ihm entgegen, fiel ihm um den Hals und küsste ihn. (Lk 15,20) 6

Immer mal wieder gibt es Scherben. Aber den Tag von heute mit den Scherben von gestern anfangen? Phil Bosmans schreibt dazu: „Hat es Scherben gegeben? Schlepp sie nicht mit dir herum! Denn sie verletzen dich Tag für Tag, und zum Schluss kannst du nicht mehr leben. Es gibt Scherben, die wirst du los, wenn du sie in die Hände Gottes legst. Es gibt Scherben, die kannst du heilen, wenn du ehrlich vergibst. Und es gibt Scherben, die du mit aller Liebe nicht heilen kannst. Die musst du liegen lassen!" (Phil Bosmans)

Herr, es fällt schwer, einzugestehen, dass in meinem Leben nicht alles Gold ist, was glänzt. Danke, dass ich mit dir täglich neu beginnen kann.

Und wenn er das verlorene Schaf gefunden hat, legt er es voll Freude auf seine Schultern; und wenn er nach Hause kommt, ruft er seine Freunde und seine Nachbarn zusammen und sagt zu ihnen: Freut euch mit mir; ich habe mein Schaf wieder gefunden, das verloren war. (Lk 15,5f) 7

Die Entlassung eines Strafgefangenen nahte. Die Kontakte mit seinem Zuhause waren immer spärlicher geworden. Er hatte Angst davor, bei seiner Rückkehr abgewiesen zu werden, und bat um ein Zeichen: Hängt in den Apfelbaum, den ich vom Zug aus gut sehen kann, ein großes, buntes Tuch zum Zeichen, dass ich heimkehren darf.
Gespannt starrte er in die letzte Kurve. Plötzlich kam der Apfelbaum in sein Blickfeld – über und über mit bunten Tüchern behängt; sie blühten ihm restloses Verzeihen und vollkommene Freude entgegen. (nach einem amerikanischen Lied)

Herr, schenke mir eine versöhnliche Einstellung, denn auch ich werde einmal vor meinem Richter stehen.

8 **Jesus sagt: Seid barmherzig, wie euer Vater barmherzig ist.** (Lk 6,36)

Einst starb eine böse Frau, die keine einzige gute Tat im Leben vollbracht hatte, und wurde in den Feuersee der Gewissensbisse geworfen. Ihr Schutzengel aber erinnerte sich, dass sie einer zudringlichen Bettlerin einmal ein Zwiebelchen nachgeworfen hatte; es ihr eigentlich damit ja geschenkt hatte. Gott erbarmte sich der Fürbitte des Engels und gab ihm die Macht, die Frau mit diesem Zwiebelchen aus dem See herauszuziehen und ins Paradies zu geleiten – wenn es gelänge! Beinahe hatte der Engel sie daran bis ans Ufer gezogen, als die anderen Sünder sich an sie klammerten, um mit herausgezogen zu werden. Aber die Frau war immer noch abgrundtief böse, stieß sie mit den Füßen zurück und schrie: „Nur mich – es ist *mein* Zwiebelchen!“ Da riss das Pflänzchen entzwei, und der Engel ging weinend davon. (nach Fjodr Dostojewski)

Das Zwiebelchen wäre für alle stark genug gewesen, doch wenn ein Mensch in seiner Freiheit das Gute nicht will, bleibt auch Gott machtlos. – Aber welche Barmherzigkeit Gottes!

Herr, hilf mir, mein „Zwiebelchen“ mit anderen zu teilen.

9 **Beschäme keinen Menschen ... Denk daran, dass wir alle schuldig sind.** (Sir 8,5)

Es gehört schon viel Fingerspitzengefühl dazu, einem im doppelten Sinne „armen“ Menschen zu helfen. Mitleid hilft da oft nicht weiter.

„Der gute Johannes“, Papst Johannes XXIII., besaß schon als „Patriarch von Venedig“ ausgesprochenes Feingefühl. Als er den Hinweis bekam, einer seiner Priester sei Alkoholiker, packte er seinen Sekretär am Arm und sagte: „Da müssen wir hin!“ Der Sekretär fand ihn schließlich in einer Wirtschaft, und sie fuhren gemeinsam ins Palais zurück. Dort bot Johannes dem Priester einen Stuhl an mit den Worten: „Bruder, setz dich! Ich möchte bei dir beichten.“ (nach Heribert Arens)

Ähnlich begegnete Jesus dem Betrüger Zachäus: „Komm schnell

vom Baum herunter! Denn ich muss heute Gast in deinem Haus sein!" (Lk 19,5)

Herr, lass mich den anderen zunächst so annehmen, wie er ist. Den Rest überlasse ich dir.

Jesus sagt zu dem gelähmten Mann: Deine Sünden sind dir vergeben. (Lk 5,20) 10

Dass Gnade vor Recht ergeht, wünschen wir uns auch manchmal für uns selbst.
Ein König sollte folgendes Urteil unterschreiben: „Gnade unmöglich, im Gefängnis lassen!" Aber weil der König an Frau und Kinder des Gefangenen dachte, erschien ihm das Urteil zu hart. Er änderte den Schuldspruch um in: „Gnade, unmöglich im Gefängnis lassen!" Er hatte nur das Komma versetzt.
Solche Kommaverschiebungen nimmt Gott ständig vor.

Herr, vergib uns unsere Schuld, wie auch wir vergeben unseren Schuldigern.

Jesus sagt: Wenn du deine Opfergabe zum Altar bringst und dir dabei einfällt, dass dein Bruder oder deine Schwester etwas gegen dich hat, so lass deine Gabe dort vor dem Altar und geh zuerst hin und versöhne dich mit deinem Bruder oder mit deiner Schwester, und dann komm und bring deine Gabe her. (Mt 5,23f) 11

Solange Wunden, die uns mit Worten oder Taten zugefügt wurden, nicht verheilt sind, sollten wir nicht so schnell von Vergebung sprechen. Es wäre gut, erst miteinander ins Gespräch zu kommen und zu sagen, wie weh das getan hat und wie sehr ein Wort oder sogar eine gezielt geplante Grausamkeit geschmerzt hat.
Eugen Drewermann schreibt dazu: „Es ist möglich zu sagen: ‚Ich vergebe dir', wenn uns der Schmerz nicht zu sehr drückt. Dann bedeutet aber ‚Ich vergebe dir' wirklich nur: ‚Es war nicht so

schlimm'. Aber wenn etwas sich tief in die Seele eingefressen hat und wehtut, ist Ehrlichkeit wichtiger als sogar die Nächstenliebe."

Herr, schenke mir den Mut zum ersten Schritt auf dem Weg zur Versöhnung, die letztlich auch mir gut tut.

12

Ihr seid von Gott geliebt. Darum bekleidet euch mit aufrichtigem Erbarmen, mit Güte, Demut, Sanftmut, Langmut! (Kol 3,12)

Dieses Erbarmen, von dem der Kolosserbrief spricht, gilt zuerst uns selbst.
Der Sohn eines Rabbi verbrachte den Sabbat in einer anderen Gemeinde. Als er zurückkam, fragten sie ihn neugierig: „Haben sie irgendetwas anders gemacht als wir?" „Ja", sagte er. „Und worin bestand die Lehre?" „Liebe deinen Feind wie dich selbst!" „Aber das sagen wir hier doch auch! Wieso hast du etwas anderes gelernt?" Da antwortete er: „Sie lehrten mich, den Feind *in mir selbst* zu lieben!"
Therapeuten lehren ihre Patienten, die sich immer mit ihren „Schatten" oder ihren seelischen Verletzungen herumschlagen, den „Feind" in der Seele anzuschauen, ohne ihn zu bewerten und zu verurteilen. Ziel einer Therapie soll ja nicht sein, dass der Patient Probleme verdrängt oder Verwundungen vergisst, sondern dass er lernt, damit zu leben. Erst, wenn er den „Schatten" in sich nicht mehr bekämpft, ist er befreit.

Herr, hilf mir, mit meinen Verwundungen barmherzig umzugehen.

13

Lasst uns ablegen die Werke der Finsternis und anziehen die Waffen des Lichts. (Röm 13,12)

Wer einem anderen mit Gewalt oder Zwang begegnet, merkt schnell, wie sich bei diesem alle „Türen" und „Fenster" schließen.
Es ist wie mit Sonne und Sturm, die um die Wette stritten, wer denn die meiste Kraft habe, einem Wanderer den Mantel abzunehmen. Zuerst blies der Sturm mächtig los. Aber der Wanderer

knöpfte den Mantel zu. Dann blies er noch kräftiger: Da legte der die Arme um den Mantel und stemmte sich gegen den Orkan. Schließlich gab der Sturm auf.
Nun begann die Sonne ihr Werk und sandte ihre Strahlen aus; sogleich wurde dem Wanderer zu warm, und er zog den Mantel aus.
Liebe, Güte und Lob können alle Türen öffnen – auch die zum Herzen.

Herr, lass mich einen *Sonnenstrahl verschenken!*

14

Jesus sagt: Alles, was ihr von anderen erwartet, das tut auch ihnen! („Goldene Regel" in Mt 7,12)

Manche wohnen schon jahrelang in einer neuen Umgebung und klagen: „Hier wird man einfach nicht warm." Liegt es nun an den Nachbarn, oder haben sie es sich vielleicht selbst zuzuschreiben, dass die Kontakte nicht gelingen?
Möglicherweise verhält es sich wie in dem indischen Märchen von dem Hund, der in einem Zimmer umherirrte, dessen sämtliche Wände Spiegel waren. So sah er sich ringsum von ganz vielen Hunden umgeben. Und weil er seine Zähne fletschte und knurrte, zeigten sich alle Hunde in den Spiegeln ebenso wütend. Hätte er doch mit dem Schwanz gewedelt! All seine Spiegelbilder hätten ihm ein freundliches Bild zurückgeworfen! (nach Stephan Pálos)
So wie ich in den Wald hineinrufe …

Herr, lass mich freundlich auf andere zugehen – unabhängig von meiner Stimmungslage.

15

Suche den Frieden, und jage ihm nach.
(Ps 34,15)

Immer mehr Menschen spüren, dass ein Leben letztlich nicht zufrieden macht, wenn es nur auf Erfolg, Geld und Karriere ausgerichtet ist. Materieller Fortschritt allein wirkt wie Salzwasser, das man trinkt: Der Durst nimmt immer noch zu.
Wer glücklich werden will, muss sich zunächst mit sich selbst und

seiner Lebenssituation anfreunden: Ich habe nun einmal dieses Gesicht, und mein Nettogehalt setzt meinen Wünschen klare Grenzen. Der unzufriedene Vergleich mit anderen wirkt nur wie ein Schluck aus dem Giftbecher! Es gibt eben keine idealen Partner, Kinder, Verwandten oder Vorgesetzte.
Wer Frieden mit sich selbst gefunden hat, söhnt sich auch mit den Unzulänglichkeiten seiner Umgebung aus.

Herr, ich muss lernen, mich trotz aller meiner Schwächen selbst anzunehmen. Erst, wenn ich das geschafft habe, werde ich auch Verständnis für die „Webfehler" meiner Mitmenschen haben.

16 **Jesus sagt zu seinen Jüngern: Kommt mit an einen abgelegenen Ort, wo wir allein sind, und ruht ein wenig aus. Denn sie hatten nicht einmal Zeit zu essen, so viele Menschen waren es, die kamen und gingen.** (Mk 6,31)

Beim Einzug ins renovierte Pfarrhaus war zuerst der Meditationsraum fertig eingerichtet. Ein älterer Handwerker sah hinein und meinte spontan: „So einen Raum bräuchte ich auch!" Auf mein erstauntes Gesicht hin fügte er hinzu: „Wissen Sie, nach den stressigen Arbeitsstunden quäle ich mich noch eine Stunde durch den Stau, dann bräuchte ich erst fünf Minuten Ruhe, um Frau und Kindern richtig zu begegnen!"
Ich musste an die indischen Träger bei einer Himalaya-Expedition denken. Die Europäer drängten nach einer kurzen Rast zum Aufbruch, nachdem der erste große Pass überschritten war. Aber die Träger taten so, als hätten sie nichts gehört und blieben weiter auf ihren Planen hocken, die Augen zum Boden gesenkt. Schließlich brach einer das Schweigen: „Wir können noch nicht weiter; wir müssen warten, bis unsere Seelen nachgekommen sind." (nach Eugen Rucker)

Herr, warum gönne ich mir so wenige Atempausen, die meinen Körper und meine Seele in Einklang bringen könnten?

Jesus fragte seine Jünger: Was habt ihr unterwegs gesprochen? Sie aber schwiegen, denn sie hatten unterwegs miteinander darüber gesprochen, wer von ihnen der Größte sei. (Mk 9,33f) 17

Gott kann jeden gebrauchen.
Die „kleine" Theresia vom Kinde Jesu († 1897) hat dazu einmal ein bemerkenswertes Bild entworfen: Die Welt ist wie ein großes Gemälde, an dem immer noch gemalt wird. Dazu braucht Gott kleine und große Pinsel. „Ich bin wie der kleine Pinsel", sagte sie, „den braucht Jesus für die ganz kleinen Einzelheiten." Und darum machte sie alles besonders gut, vom Flurreinigen bis zum Gebet für die anderen.
Demut ist die Fähigkeit, auch zu den kleinsten Dingen des Lebens emporzusehen. (Albert Schweitzer)

Herr, ich will mir nicht zu schade sein für die „niederen" Arbeiten und für solche, deren Erledigung nicht so ins Auge fällt.

Der Herr ist gnädig und barmherzig, ... er rettet in der Zeit der Not. Wehe den mutlosen Herzen und den schlaffen Händen; dem Menschen, der auf zwei Wegen geht. (Sir 2,11f) 18

Es ist ärgerlich, wenn der Wagen nicht anspringt, weil die Batterie leer ist.
Auch unser Glaube braucht „Wartung", wenn er am Tag der Bewährung noch „funktionieren" soll:
Wie der Motor nur durch die Batterie in Gang kommt, so ist unser Glaube Zündung und Antrieb fürs Leben. – Der laufende Motor kann die schwache Batterie wieder füllen, wie unsere Nächstenliebe den Glauben stärkt. – Die Batterie eines anderen Wagens kann über ein Startkabel helfen: Engagierte Menschen mit einem lebendigen Glauben können meinen Glauben wieder „in Bewegung setzen". – Der „Lebenssaft" der Batterie ist eine Säure; unser Glaube gewinnt seine Tiefe und Kraft auch aus leidvollen Erfahrungen. (nach Felicitas Hestermann)

Herr, ich bitte dich um einen Glauben, der mir im rechten Augenblick Starthilfen schenkt.

19 **Nun aber bleiben Glaube, Hoffnung, Liebe, diese drei; am größten aber unter diesen ist die Liebe.** (1 Kor 13,13)

Es gibt sieben Wurzelsünden, die in unserer Seele unsichtbar ein dichtes Geflecht von Wurzeln entfalten können, das alles überwuchert und erstickt: der falsche *Stolz,* der in seinem Hochmut meint, Gott und die Menschen nicht nötig zu haben; das Gift des *Neides* in Augen und Hirn; der unbeherrschte *Zorn*; die fast tierische geschlechtliche *Lust,* die über jedes Opfer herfällt; die *Habgier,* die um den Schlaf bringen und Völker morden kann; die *Unmäßigkeit* im Genuss und die *Trägheit,* die allen Chancen aus dem Wege geht.
Dagegen gibt es sieben Heilkräuter, die dem „bösen Kraut" das Licht und damit das Wachstum nehmen können: *Demut,* d.h. der Mut zum Dienen; *Liebe*; *Sanftmut*; *Reinheit* des Herzens; *Wohltätigkeit,* die sich einsetzt im Kampf um mehr Gerechtigkeit; *Selbstbeherrschung* und *Fleiß.*

Gott, mit dir im Rücken lass mich Herr bleiben im Garten meiner Seele.

20 **Jesu Leben war das eines Menschen; er erniedrigte sich und war gehorsam bis zum Tod, ja bis zum Tod am Kreuz. Darum hat ihn Gott über alle erhöht.** (Phil 2,7–9)

Khalil Gibran sagte einmal: „Du magst denjenigen vergessen, mit dem du gelacht, aber nie denjenigen, mit dem du geweint hast."
Es ist wahr: Schwere Stunden schmieden zusammen, wenn sie miteinander durchgestanden werden.
Dazu passt auch die Erfahrung der Auster, die klagte: „Ich habe Schmerzen; es ist, als trüge ich eine Kugel aus Blei in meinem Leib!" Eine andere erwiderte stolz: „Ich fühle mich kerngesund. Ich habe das Leben noch vor mir. Du wirst an deiner Kugel noch sterben!" Eine Krabbe, die das Gespräch der beiden belauscht hatte, meinte: „Was verstehst du junge Auster schon vom Leben, wenn du meinst, Jugend, Schönheit und Gesundheit seien alles?! Sie hat zwar Schmerzen, aber sie trägt – eine Perle in sich!"

Herr, lass mich aus bitteren Stunden gestärkt und gereift hervorgehen.

Lass dich nicht vom Bösen besiegen, sondern besiege das Böse durch das Gute! (Röm 12,21) 21

Es existiert kein Dach in der Welt, unter dem es kein Leid gibt. Wer aber meint nicht, gerade er habe ein besonders schweres, wenn nicht das schwerste Kreuz zu tragen?
Einmal durfte ein Mensch, der sich beklagte, in dem Raum, in dem alle Kreuze der Welt aufgestellt waren, ein anderes Kreuz wählen. Er schaute sich um und sah hier ein dünnes Kreuz, das aber dafür viel länger als seins war; dort stand ein kleines, es war aber schwer wie Blei; dahinten ein handliches, aber genau dort, wo es auf der Schulter auflag, drang ein spitzer Dorn ins Fleisch. Die Wahl fiel schwer. Und als er endlich eines gefunden hatte, so richtig wie geschaffen für ihn, da merkte er auf einmal, dass es *sein* Kreuz war, das er bisher getragen hatte. (nach Adalbert von Chamisso)

Herr, bevor ich mit einem das Kreuz tauschen möchte, lass mich erst einen Monat lang in seinen *Schuhen gehen! (nach einem Spruch der Indianer)*

Der Weingärtner antwortete: Herr, lass ihn noch dieses Jahr stehen, bis ich um ihn herum aufgegraben und Dünger gestreut habe. Vielleicht trägt er doch noch Früchte. (Lk 13,8f) 22

Zunächst wirft uns die negative Diagnose eines Arztes um. Damit ist die ganze Lebensplanung zu „Makulatur“ geworden. Oder?
Vielleicht ist es aber wie mit der jungen Palme, der ein böser Mensch einen schweren Stein in die Krone legte, um hämisch das Wachstum eines Krüppelbaumes zu beobachten. Als es der Palme nicht gelang, die Last abzuwerfen, krallte sie die Wurzeln noch tiefer in den Boden, bis sie verborgene Wasseradern erreichten. Die Feuchtigkeit aus der Tiefe und die Sonnenglut aus der Höhe ließen sie kraftvoll heranwachsen und zugleich den Stein hoch-

stemmen. Die Last hatte sie stark gemacht. (nach Franz Gypkens) So sagen auch viele Menschen nach überstandener schwerer Krankheit: Es war keine verlorene Zeit für mich, ich lebe jetzt intensiver und bewusster!

Herr, wenn ich unter einer schweren Last zusammenzubrechen drohe, lass mich verborgene Wasseradern finden, und schenke mir Kraft aus der Höhe!

23

Jesus sagt zu allen: Wenn jemand mein Jünger sein will, verleugne er sich selbst, nehme täglich sein Kreuz auf sich und folge mir nach. (Lk 9,23)

Es gibt Geschichten, die sind so eindringlich, dass sie Menschen von einer Verzweiflungstat abhalten können. Folgende gehört dazu:
Die Menschen – so berichtet eine Legende – mühten sich auf ihrem Lebensweg mit ihren schweren Kreuzen ab. Einem war es zu lang; kurz entschlossen sägte er ein Stück ab. Nach langer Pilgerschaft kamen alle an den letzten Abgrund: Keine Brücke führte ins jenseitige Land, das endlich Frieden versprach, Freude und Leben in Fülle. Nach kurzem Zögern legten sie ihre Kreuze darüber und siehe: Sie passten gerade. Der aber ein Stück abgesägt hatte, stand jetzt betroffen und verzweifelt da.

Herr, lass mich das Kreuz, das ich nicht abschütteln kann, hinter dir hertragen; dann wird es leichter.

24

Wenn ein Glied leidet, so leiden alle Glieder mit. Ihr seid der Leib Christi, und jeder Einzelne ist ein Glied an ihm. (1 Kor 12,26f)

Mich erstaunt, wie viele Sprüche und Erfahrungen es zur schwierigen Wegstrecke des Leides gibt. Hier eine kleine Auswahl:
„Du siehst alles anders und viel besser mit Augen, die geweint haben."
„Wer den Leidenden nicht mehr wahrnimmt, erblindet für die Rose." (Heinrich Spaemann)

„Auch, wenn sich eine Wolke dazwischenschiebt: Die Sonne scheint trotzdem weiter."
„Es gibt Berge, über die man hinübermuss; sonst geht der Weg nicht weiter."
„Die Kreuze im Leben des Menschen sind wie Kreuze in der Musik: Sie erhöhen." (Ludwig van Beethoven)

Herr, das Meer ist groß und unser Boot so klein, aber du hast gesagt: „Ich bin bei euch alle Tage bis zum Ende der Welt!" (Mt 28,20)

Hinweis:
In der Karwoche nehmen Sie bitte die Gedanken vom 25. bis 31.3., für die Osterwoche die vom 1. bis 7.4. !

Jesus antwortet Pilatus: Mein Reich ist nicht von dieser Welt. Wenn mein Reich von dieser Welt wäre, so würden meine Leute kämpfen. Aber mein Reich ist nicht von hier. (Joh 18,36) 25

Ein gefesselter König steht scheinbar machtlos vor Pilatus – wie das Reich Gottes oft so verborgen und ohnmächtig erscheint.
Aber betrachten wir einmal das kleine Samenkorn einer Birke, das der Wind in die Fuge eines Mauerwerkes getragen hat: Die Wurzeln des Keimlings graben sich in den Mörtel ein; das erwachsene Bäumchen kann die Steine herausdrücken, ja ein Stück Mauer zum Einsturz bringen.
Der Pfarrer und Dichter Wilhelm Willms schrieb einmal:
„Sie sagen: Er ist ja nur ein Schimmer Licht.
Wir sagen: aber in dunkler Nacht.
Sie sagen: Er ist ja nur ein Funke Feuer.
Wir sagen: aber im Pulverfass."

Herr, sei du unsere Stimme, wenn die Wasser einmal über uns zusammenschlagen.

26 **Als ich in Angst war, rief ich zum Herrn und schrie zu meinem Gott ... Er langte aus der Höhe herab und ergriff mich; zog mich heraus aus großen Wassern.** (Ps 18,7.17)

Marie Noël, die französische Mystikerin (1883–1967), steht exemplarisch für alle an Gott leidenden Zeitgenossen. Sie schrieb einmal aus ihren dunklen Erfahrungen in der Auseinandersetzung mit Gott: „Die Geschichte meiner Seele, das ist die Geschichte vom Korn. Im Frühling war ich Saat im Winde, ich war Blüte, ich war Spiel und Freude. Damals, o mein Gott, habe ich dich geliebt. Im Sommer ist mein Korn gereift: Ich habe dir einige Werke gegeben. Im Herbst habe ich es verloren! Ich habe nichts mehr, was ich dir geben könnte. Ich habe weder Blüte noch Korn. Ich bin nicht mehr ich selbst noch irgendetwas, was mir gleicht. Von Zerbrechen zu Zerbrechen bin ich zu Staub geworden. Da bin ich, gedroschenes Korn, zerriebenes Mehl, da bin ich: Brot, geknetet, gebacken, zerbissen, zerkaut, zerstört. Nichts ist mir geblieben. Ich habe dir nichts zu geben, o mein Gott, weder Blüte noch Frucht, weder Herz noch Werk; nichts mehr als einen gehorsamen Bissen trockenen Brotes."

Herr, du selbst hast die Gottverlassenheit am Kreuz erfahren – und doch nach deinem Gott gerufen. Lass es mich auch tun, wenn ich mich gottfern und ausgebrannt fühle.

27 **Wir verkündigen Christus als den Gekreuzigten: für Juden ein Ärgernis, für Nichtgläubige eine Torheit, für uns aber Gottes Kraft und Gottes Weisheit.** (1 Kor 1,23f)

Der berühmte Schweizer Psychiater C.G. Jung († 1961) blieb einmal vor einem Bild mit der Kreuzigung Christi stehen und sagte: „Ich komme gerade aus Indien: Der östliche Mensch will sich des Leidens entledigen, indem er das Leiden abstreift. Der abendländische Mensch versucht, das Leiden durch Drogen zu unterdrücken. Aber das Leiden muss überwunden werden, und überwunden wird es nur, indem man es trägt. Das Entscheidende können wir von Christus lernen."

Herr, hilf mir, wenn mich ein unabänderliches Leid trifft, es nicht abzuschütteln, sondern durchzutragen – so weit es irgendwie geht.

Jesus sagt zur Witwe, die ihren einzigen Sohn zu Grabe trug: Weine nicht! (Lk 7,13) 28

In der Trauer zu weinen ist wichtig und menschlich. Aber Christen brauchen nicht hoffnungslos zu weinen.
So erscheint im Märchen vom Tränenkrüglein ein verstorbenes Kind der untröstlichen Mutter und zeigt ihr ein bis an den Rand mit Tränen gefülltes Krüglein. „Mutter", sagt das Kind, „weine nicht mehr um mich, sonst fließt dieses Krüglein über, und ich finde keine Ruhe mehr in meiner Seligkeit; denn ich bin glücklich und gut aufgehoben!" (nach Ludwig Bechstein)

Herr, du hast geweint um deinen toten Freund Lazarus, aber du hast auch vor deinem eigenen Tod am Kreuz gesagt: „Vater, dein Wille geschehe."
Hilf mir, dass ich in großer Trauer noch „ja" sagen kann zu dem, was du willst.

Als der Apostel Paulus „ganz unten" war, bat er Gott, ihm den „Stachel" aus dem Fleisch zu holen. Aber der Herr antwortete ihm: Meine Gnade ist genug für dich; denn sie erweist ihre Kraft in der Schwachheit. (2 Kor 12,9) 29

Ein herrlicher Bambusbaum wuchs in einem Garten. Eines Tages blieb der Besitzer vor ihm stehen und sagte: „Ich brauche dich!" Der Baum antwortete: „Ja, Herr, ich bin bereit!" Die Stimme des Herrn wurde ernst: „Um dich zu gebrauchen, muss ich dich beschneiden, die Blätter abstreifen und die Stauden mitten durchschneiden!" Bis ins Mark getroffen, neigte sich der Baum und flüsterte: „Herr, schneide und teile!"
Und der Herr tat, was er gesagt hatte. Dann verband er die Bambushälften mit der Quelle und der Wasserrinne im Feld, und das klare Wasser schoss durch den zerteilten Körper, um Wachstum und reiche Ernte möglich zu machen. So wurde der schöne Bambus erst zum großen Segen, als er gebrochen und zerschlagen war.

Das Höchste und Schwerste, was ein Mensch sagen kann, ist: Herr, dein *Wille geschehe!*

30 **Dann flochten die Soldaten eine Krone aus Dornen, setzten sie Jesus aufs Haupt und gaben ihm ein Rohr in die rechte Hand.** (Mt 27,29)

Beim Foltern setzten sie Jesus zum Spott eine Krone aus Dornen auf den Kopf und gaben ihm einen Stock in die Hand, mit dem sie dann später die Krone auf dem Kopf festschlugen.
Mag es Zufall gewesen sein, dass die Soldaten dazu ein Schilfrohr nahmen? Aber genau in diesem Rohr steht uns der Auftrag Jesu vor Augen: Der Gottesknecht wird das geknickte Rohr nicht brechen und den glimmenden Docht nicht auslöschen. (Jes 42,3)

Danke, Herr, dass du dich mit all den „geknickten Rohren“ solidarisierst.

31 **Jesus erniedrigte sich und war gehorsam bis zum Tod, ja bis zum Tod am Kreuz.** (Phil 2,8)

Dass Jesus sich freiwillig dem Tod am Kreuz auslieferte, blieb mir lange unbegreiflich, bis mir einmal folgende Geschichte die Augen öffnete:
Ein Fürst in China gab ein großes Fest. Im strömenden Regen kamen die Gäste in vornehmen Kutschen vorgefahren. Da passierte es: Ein vornehmer älterer Herr blieb beim Aussteigen am Trittbrett hängen und fiel der Länge nach in eine Pfütze. In *dem* Zustand mochte er jetzt nicht mehr mitfeiern und schickte sich an, zurückzufahren, obwohl der herbeigeeilte Fürst ihn umzustimmen suchte. Schließlich warf sich der Fürst mit seinen schönen Gewändern in dieselbe Pfütze, dann zog er den Gast in den geschmückten Saal – und keiner wagte eine spöttische Bemerkung.

Herr, gib mir Kraft, dass ich, wenn es sein muss, auch den „unteren“ Weg gehen kann: im Dienen, Nachgeben, Verzeihen.

Du weißt nicht, dass du blind bist. Darum rate ich dir: Kaufe von mir Salbe für deine Augen, damit du sehen kannst. (nach Offb 3,17.18) 1

Wie der Arzt ab und zu unser Herz überprüft, so bräuchten auch unsere „inneren“ Augen eine „Wartung“, weil Vorurteile ihre Sehkraft mehr und mehr vermindern können.
In Piemont in Frankreich (heute in Oberitalien) gibt es einen alten Brauch: Beim ersten Osterläuten laufen Alt und Jung zum Dorfbrunnen und waschen sich die Augen aus: die „Geh-mir-aus-den Augen“-Augen, die „Machen-wir-ein Geschäft“-Augen, die „Dich-will-ich-haben“-Augen. Alle wollen Osteraugen bekommen. Darum waschen sie die kalten, gierigen, listigen, berechnenden und misstrauischen Blicke fort, schwemmen heraus den Dreck eines langen Jahres. Und schauen sich dann mit guten, lächelnden Augen an. (nach Bernhard Langenstein)

Herr, die Augen sind die Fenster zur Seele. Viele Augen, vor allem Kinderaugen, gewähren einen Blick in eine reine, gute Seele. Ich will mich auf die Suche nach solchen Augen machen, um dir zu begegnen.

Muss ich auch wandern im finsteren Tal, ich fürchte kein Unglück; denn du bist bei mir, dein Stock und dein Stab trösten mich. (Ps 23,4) 2

Ein Stock oder Stab als Gehhilfe gibt dem Wanderer mehr Sicherheit: Er wird ihm zum „dritten Bein“, wenn er etwa in den Bergen einen schäumenden Bach überquert oder einen mühseligen Abstieg beginnt.
Auch in der Bibel ist immer wieder einmal von einem Stab die Rede: Mit seinem „Gottesstab“ schlug Mose auf das Meer, und es

spaltete sich (Ex 14,16). Von einem Hirten, dessen Stock und Stab Zuversicht geben, sang David. Die Emmaus-Jünger begegneten schließlich einem „lebendigen“ Stab: Verunsichert und resigniert hatten sie sich nach dem Tod Jesu auf den Weg gemacht. Da aber trafen sie auf einen Wegbegleiter, dessen Worte ihr Herz erwärmte und der ihnen Halt und Stütze wurde. „Bleib doch bei uns!“, sagten sie am Ziel.

Herr, das Vertrauen auf dich und deinen Sohn möge wie ein Stab in meiner Hand sein, mit dem ich leichter ans Ziel komme.

3 **Jesus sagt: Die Welt sieht mich nicht mehr; ihr aber seht mich, denn ich lebe und auch ihr werdet leben.** (Joh 14,19)

Die eindrucksvollste Kerze in christlichen Kirchen ist meist die Osterkerze. Sie erinnert mit ihren roten „Wundnägeln“ und ihrem Licht an das Leiden und die Auferstehung Jesu und verkündet die Osterfreude: In Jesus brennt uns ein Licht über die Nacht des Todes hinaus. Es leuchtet in die dunklen Stunden unseres Lebens, wenn wir es zulassen. Es schenkt die Wärme der Anerkennung, Freundschaft und Vergebung, die uns immer wieder neu motivieren kann.
Jesus verzehrte sich – wie die Kerze – für die Menschen und zeigte, wie das Leben zu gewinnen ist, wenn einer sich hingibt. (Lk 9,24)

Herr, du bist das Leben, die Liebe, unser Alles!

4 **Und ich sah einen neuen Himmel und eine neue Erde; denn der erste Himmel und die erste Erde sind vergangen.** (Offb 21,1)

Was hat das Osterei mit dem Fest der Auferstehung zu tun?: Das Ei wurde schon immer als Symbol des Lebens empfunden, „von außen ein Ding zum Greifen – und innen unbegreifliches Leben.“ (Elmar Gruber)
Aus ihm, einem scheinbar toten Gegenstand, springt plötzlich ein lebendiges Küken! Christen sehen in ihm ein Auferstehungssym-

bol, denn Jesus, der Auferweckte („Was sucht ihr den Lebenden bei den Toten?"), ging aus dem verriegelten Grab hervor.
Ein entwickeltes Küken würde im Ei ersticken, wenn es sich nicht mit dem kleinen „Eizahn", der genau über dem Schnäbelchen sitzt, unter Schwerstarbeit befreite – wie mit einer Säge aus dem Gefängnis.
Auch unser Leben spielt sich in engen zeitlichen und räumlichen Grenzen ab. Aber in der Bedrängnis des Todes helfen uns unser Glaube und unsere Hoffnung auf die Auferstehung, alle Begrenztheit zu sprengen und in das Leben in Fülle, das Jesus uns zugesagt hat, einzutauchen.

Danke, Herr! Wir haben Grund genug, die Eier zu Ostern mit Farben der Freude anzumalen.

Gesät wird ein irdischer Leib, auferweckt ein überirdischer Leib. (1 Kor 15,44) 5

Krebskranke Kinder malen wie aus dem Unbewussten gern bunte Schmetterlinge: Vielleicht ist das Ausdruck der Hoffnung auf Auferstehung, die ja in allen Religionen und Weltanschauungen „eine der ganz einfachen Ur-Gebärden des Lebendigen" ist „und sich richtet auf die übernatürliche Glückseligkeit in Gott". (Josef Pieper)
Wer würde das Wunder der Entwicklung eines Schmetterlings für möglich halten, wenn man es nicht immer wieder in der Natur beobachten könnte?: Für die Raupe auf Stummelfüßchen, schutzlos und gekrümmt im Staub der Welt unterwegs und immer nur auf Nahrungssuche, scheint im „Sarg" der Puppe das Leben zu Ende zu sein. Aber unter den Strahlen der Sonne befreit sich der Schmetterling aus dem „Grab" und schwebt hinweg über alle Hecken und Abgründe.

Danke, Herr, dass auch uns einmal „Flügel" wachsen, die uns aus Krankheit, Not und Zweifel in die Sonne deiner Herrlichkeit tragen.

6 **Haben wir nur in diesem Leben auf Christus gehofft, so sind wir bejammernswerter als alle anderen Menschen. Nun aber ist Christus von den Toten auferweckt worden ..., so werden in Christus auch alle lebendig gemacht werden.**
(1 Kor 15,19f.22)

Es gibt versöhnliche Geschichten gegen eine manchmal grausame Welt. Und wer weiß, ob sie nicht stimmen?
Da war das einzige Töchterchen einer Frau sehr klein geblieben, blass und behindert. Wenn sie spazieren gingen und die Leute ihnen nachschauten, beschwichtigte die Mutter es mit den Worten: „Die freuen sich über dein schönes Kleidchen." – Die Mutter starb. Die neue Mutter lehnte es rundweg ab, mit dem Kind spazieren zu gehen und sagte geradeheraus: „Was sollen die Leute denken, wenn ich mich mit dir sehen lasse. Du bist ja ganz buckelig!" – Das Mädchen stieg auf einen Stuhl und besah sich im Spiegel: Richtig, es war buckelig, sehr buckelig, und es dachte: „Was mag da nur in meinem Buckel sein?"
Im nächsten Winter wurde das Mädchen immer blasser und – starb. Da kam ein Engel und wollte es zu seiner richtigen Mutter bringen. Aber das Mädchen fragte schüchtern: „Können denn buckelige Kinder auch in den Himmel?" Da berührte der Engel den garstigen Buckel, der abfiel wie eine hohle Schale und zwei herrliche Flügel freigab. Damit flog es dem Himmel und der Mutter entgegen.

Herr, die Leiden der Menschen können Flügel sein, die uns deiner Herrlichkeit näher bringen.

7 **Da sahen sie, dass der Stein vom Grab weggewälzt war. Als sie aber hineingingen, fanden sie den Leichnam Jesu, des Herrn, nicht.** (Lk 24,2f)

Sie beugte sich über den Bootsrand und sah auf dem Grund des Wassers, das nur noch wenige Zentimeter tief war, zahllose Wasserkäfer. Einer kam an die Wasseroberfläche und kroch langsam an der Seitenwand des Bootes hoch. Auf dem Bootsrand schien er zu sterben.

Sie lehnte sich zurück, um die Sonne zu genießen. Als sie sich wieder nach vorne beugte und ihr Blick zufällig den Käfer streifte, war dessen Panzer brüchig geworden und sprang auf. Staunend beobachtete sie, wie eine Libelle langsam zum Vorschein kam, wie sie sich schließlich in die Luft erhob und ihre Farben dabei im Sonnenlicht funkelten.
Die Libelle flog nun innerhalb eines Augenblicks weiter, als der Käfer in Tagen hätte kriechen können. Vielleicht nahmen in der Tiefe auch die Käfer die Libelle wahr, niemals aber hätten sie sich eine Vorstellung von der Schönheit der Welt jenseits des Wassers und den Möglichkeiten ihrer eigenen Entfaltung und Freiheit machen können.

Herr, schenke mir den Glauben an eine leere Hülle im Grab, damit ich mich von ganzem Herzen auf das „Leben in Fülle" freuen kann, das uns Jesus versprochen hat.

Wer siegt, wird mit weißen Gewändern bekleidet werden. (Offb 3,5) 8

Früher wurden die Sonntage nach dem lateinischen Anfangswort der Messe benannt. So hieß der Weiße Sonntag „Quasi modo". Genau diesen Namen erhielt ein tauber und buckeliger Junge, der auf die Stufen einer Kathedrale ausgesetzt und später als Glöckner von Notre Dame bekannt wurde. In seinem hässlichen Körper wohnte aber eine schöne Seele: Er rettete ein Mädchen, das als Hexe verbrannt werden sollte, unter Einsatz seines Lebens.
Wenn am Weißen Sonntag *äußerlich* schön geschmückte Kinder im weißen Kommuniongewand zum Altar treten, dann wünsche ich ihnen, dass sie zur *inneren* Schönheit eines Quasimodo finden.

Herr, was muss ich tun, wie soll ich leben, damit ich einmal als Sieger „mit weißen Gewändern bekleidet" werde?

9 **Jesus sagt: Wer meine Worte hört und danach handelt, ist mit einem klugen Manne zu vergleichen, der sein Haus auf Fels baute. Als nun ein Wolkenbruch kam und die Wassermassen heranfluteten, als die Winde tobten und an dem Haus rüttelten, da fiel es nicht ein; denn es war auf Fels gebaut.** (Mt 7,24f)

In einer Satellitenstadt von Düsseldorf wurden allein in einer Pfarrei innerhalb von fünf Jahren 899 Kommunionkinder vorbereitet. Wo sind sie geblieben? Ist es nicht wie bei einem aufgespannten Regenschirm? Alle Belehrungen und guten Absichten fallen wie Wasserspritzer auf den Schirm. Nach dem großen Fest werden die Tropfen abgeschüttelt, der Schirm wird zusammengefaltet und weggelegt, bei Kindern wie bei Eltern.
Es wäre aber falsch, die christliche Haltung von Menschen an der Teilnahme am Gottesdienst zu messen. Sie prägt ganz sicher das Zusammenleben der Menschen im Alltag, gibt Salz in die Suppe der Welt.

Herr, ich will das Gebäude meines Lebens auf den „Fels“ deiner Worte und Taten bauen.

10 **Ich weiß deine Werke. Du bist weder kalt noch heiß. Wärst du doch kalt oder heiß! Weil du aber lau bist und weder kalt noch heiß, will ich dich ausspeien aus meinem Munde.** (Offb 3,15f)

Wer im Glauben an Gott Gleichgültigkeit bemerkt, erkennt Alarmstufe eins!
Albert Schweitzer († 1965) erzählte in einer seiner Predigten von der Schlafkrankheit, die in Afrika tausende vor Entkräftung sterben lässt. Er fügte hinzu: „Es gibt auch eine Schlafkrankheit der Seele, bei der die Hauptgefahr ist, dass man sie nicht kommen fühlt. Wenn ihr die geringste Gleichgültigkeit an euch bemerkt, z.B. dass eine Sehnsucht oder Begeisterungsfähigkeit in euch abnimmt, dann müsst ihr über euch erschrecken und euch klarmachen, dass eure Seele Schaden erlitten hat.“

Herr, rüttle mich auf, wenn ich bequem und gleichgültig werde.

Jesus sagt am Jakobsbrunnen: Jeder, der von diesem Wasser trinkt, wird wieder Durst bekommen. Das Wasser, das ich ihm geben werde, wird in ihm zur sprudelnden Quelle werden, deren Wasser ewiges Leben schenkt. (Joh 4,13f) 11

Die bekannten Verse von Conrad Ferdinand Meyer († 1898) zum römischen Brunnen fangen auch unser Leben ein:

> Aufsteigt der Strahl,
> und fallend gießt er voll der Marmorschale Rund,
> die, sich verschleiernd,
> überfließt in einer zweiten Schale Grund.
> Die zweite gibt, sie wird zu reich,
> der dritten wallend ihre Flut,
> und jede nimmt und gibt zugleich
> und strömt und ruht.

Als Kinder sind wir meist Empfangende. Im jungen Erwachsenenleben lernen wir das Empfangene weiterzugeben und zu teilen. Erst Empfangen *und* Geben ermöglichen Partnerschaft und gedeihliches Miteinander. Denn „es gibt Reichtümer, an denen man zugrunde geht, wenn man sie nicht mit anderen teilen kann." (Michael Ende)

Herr, schenke mir von deinem lebendigen Wasser, das meinen inneren Durst stillt und mich ermutigt, Anerkennung und Liebe und Sinn fürs Leben weiterzugeben.

Herr, du umschließt mich von allen Seiten und legst deine Hand auf mich. Zu wunderbar ist es für mich und unbegreiflich, zu hoch, als dass ich es fasste. (Ps 139,5f) 12

Khalil Gibran († 1931) schrieb einmal: „Wir werden niemals einander verstehen, bis wir die Sprache auf sieben Worte reduzieren." Um folgende sieben Worte handelt es sich: „Du, Ich, Leben, Gott, Liebe, Schönheit und Erde."
Und er schlüsselt diese Worte auf: Gib *du* mir Gehör, und ich werde dir Stimme geben. – Das *Ich* in mir wohnt im Haus der Stille. Dort soll es bleiben, immerdar, unerkannt und unnahbar. – Verlangen ist das halbe *Leben,* Gleichgültigkeit der halbe Tod. – *Gott*

hat in jede Seele einen Propheten gesandt, der ihn zum Licht führt. – Die *Liebe* ist wie ein Stern im Himmel, dessen Licht bei Anbruch des Morgens erlischt. – Wir leben nur, um *Schönheit* zu entdecken. Alles andere ist eine Art des Wartens. – Wie schön und prachtvoll bist du, *Erde!* Wie vollkommen und edel ist deine Hingabe.

Herr, wie not-wendig brauche ich Augenblicke der Tiefe und Stille, damit ich erkenne, dass der Mensch nicht das Maß aller Dinge ist!

13 **Übertrefft euch in gegenseitiger Achtung!**
(Röm 12,10)

Das Leben wird erträglicher, wenn es mir gelingt, mich zu arrangieren mit dem, was mir zuwider, aber nicht zu vermeiden ist.
So wurde ein Indien-Tourist aggressiv, als er in seinem zugewiesenen Zimmer eine dicke, fette, hässliche Eidechse vorfand. Aber es gelang ihm nicht, sie einzufangen. Fremde Hilfe wollte er auch nicht holen. Mitten in seiner Verzweiflung durchfuhr ihn der Gedanke: Er könnte doch versuchen, sich mit dem Tier zu arrangieren.
Einfach war es nicht. Aber schon nach einigen Tagen gab er ihr einen Namen. Er bemerkte auch die positiven Eigenschaften des Tierchens: Es verhinderte die Vermehrung der Moskitos. Schließlich erkannte er: Das Problem hatte nicht an der Umgebung gelegen, sondern in ihm selbst. (nach Ph. Schmitz)

Herr, hilf mir, ebenso wie meine guten Seiten meine Dunkelheiten akzeptieren zu lernen.

14 **Ertragt einander in Liebe!**
(Eph 4,2)

Liebe ist immer ein bisschen blind für die Fehler der anderen.
Der flämische Menschenberater Phil Bosmans schreibt dazu: „Wenn Liebe und Freundschaft verkümmern, dann geht diese sympathische Blindheit verloren. Dann werden die Augen wirklich schlecht, und zum Schluss sieht man nur noch Fehler, Lücken und Mängel …“

Herr, nur mit dem Herzen kann ich gut sehen. Ich möchte mir Mühe geben, meine Mitmenschen immer mit den Augen der Liebe zu betrachten.

15

Jesus sagt: Was nützt es einem Menschen, wenn er die ganze Welt gewinnt, sein Leben aber einbüßt? (Mt 16,26)

Der hl. Bernhard von Clairvaux († 1153) schrieb einmal an den überarbeiteten Papst Eugen III.: „Wie kannst du voll und echt Mensch sein, wenn du dich selbst verloren hast? Auch du bist ein Mensch. Damit deine Menschlichkeit allumfassend und vollkommen sein kann, musst du also nicht nur für alle andern, sondern auch für dich selbst ein aufmerksames Herz haben, damit es nicht verhärtet. Wenn alle Menschen ein Recht auf dich haben, dann sei auch du selbst ein Mensch, der ein Recht auf sich selbst hat … Wer mit sich selbst schlecht umgeht, wem kann der gut sein? Denk also daran: Gönne dich dir selbst! Ich sage nicht: Tu das immer; ich sage nicht: Tu das oft, aber ich sage: Tu es immer wieder einmal. Sei wie für alle anderen auch für dich selbst da."

Herr, du willst nicht, dass ich mich bis zur Erschöpfung einsetze und meine Gesundheit vernachlässige. Ich darf mich selbst so lieben wie meinen Nächsten!

16

Und wenn ich prophetisch reden könnte und alle Geheimnisse wüsste und alle Erkenntnis hätte; wenn ich allen Glauben hätte und Berge damit versetzen könnte, hätte aber die Liebe nicht, so wäre ich nichts. (1 Kor 13,2)

„Anfangs glaubte ich, bekehren zu müssen", schrieb Mutter Teresa einmal, „inzwischen habe ich gelernt: Es ist meine Aufgabe zu lieben. Und die Liebe bekehrt, wenn sie will."

Herr, schenke mir eine Liebe, die nichts bezwecken will, sondern einfach da ist, absichtslos wie eine Blume auf dem Feld.

17 **Jesus sagt: Geht zu allen Völkern und macht alle Menschen zu meinen Jüngern.** (Mt 28,19)

Wer an üppigen Rosensträuchern vorbeigeht, spürt das Verlangen, seine Nase in die herrlichen Blüten zu stecken und den ausströmenden Duft tief einzuatmen. Wundervoll!
Gandhi wurde einmal von christlichen Missionaren gefragt, was sie denn tun müssten, um auch Hindus für die Lehre von Christus zu begeistern. Er antwortete: „Denken Sie an das Geheimnis der Rose. Alle mögen sie, weil sie duftet. Also duften Sie, meine Herren!"

Herr, lass mich das Befreiende und Beglückende deiner Botschaft weitersagen.

18 **Jesus sagt: Wenn das Weizenkorn stirbt (= sich verwandelt), trägt es reiche Frucht.** (Joh 12,24)

Wie sich die Zellen unseres Leibes alle sieben Jahre erneuern, so müssen auch Geist und Seele zu Umwandlungen bereit sein, wenn sie nicht erstarren wollen.
Das erfuhr auch ein Fluss, der eine Wüste durchqueren musste, um das Meer zu erreichen. Er fürchtete die riesigen Sandflächen, die ihn unter dem heißen Atem der Sonne austrocknen würden. Aber er wagte es und vertraute sich der Wüste an: Wolken saugten ihn auf, trugen ihn über die heißen Sandflächen und ließen ihn als Regen am anderen Ende der Wüste wieder fallen. Und der Fluss, sauberer und frischer als zuvor, spürte: Jetzt bin ich wirklich ich! (nach Gerhard Eberts)

Herr, lass mich Begegnungen wagen, die mich umwandeln.

19 **Jesus sagt: Der Mensch lebt nicht vom Brot allein.** (Lk 4,4)

Der kinderlose, ältere Herr, der vor einigen Wochen seine Frau verloren hatte, rief den Nachbarn heraus, um ihm zu zeigen, dass die Kinder ihre Fahrräder an sein frisch verputztes Haus gelehnt

hatten. „Sehen Sie den Kratzer?“, sagte er. „Sehen Sie nur, wo doch das Eigentum das Einzige ist, das mir noch blieb!“
Oh, welch ein Tod, wenn *Menschen* nicht mehr Reichtum, Herausforderung und Glück bedeuten, sondern nur noch Angst, Bedrohung und Konkurrenz. (nach Dorothee Sölle)

Herr, wichtiger als der Besitz von Sachwerten ist die lebendige Beziehung zum Mitmenschen. Erinnere mich bisweilen daran.

Die Liebe hat einen langen Mut! 20
(1 Kor 13,4)

Oft laufe ich voller Hoffnung zum Briefkasten – aber die erwartete Nachricht lässt auf sich warten. Oh, kann Warten schwer fallen! Ein ungeduldiger Mensch wunderte sich, dass seine Saat so langsam aufging. Da kam er auf die Idee, die kleinen zarten Halme etwas in die Höhe zu ziehen, um das Wachstum zu beschleunigen. Noch lange lachte man in der Nachbarschaft über den, der nicht warten konnte.

Herr, ich will geduldig begießen, dir aber das Wachstum überlassen!

Wer in der Liebe bleibt, der bleibt in Gott, und Gott bleibt in ihm. (1 Joh 4,16) 21

In unserem Leben geht es manchmal zu wie in einem Zirkus: Balance-Akte sind nötig, in denen wir den Gleichgewichtssinn von Drahtseil-Akrobaten bräuchten, um nicht herunterzufallen. – Wir agieren wie Trapezkünstler in der Kuppel ohne Netz und doppelten Boden, wobei eine Menge Vertrauen nötig ist, dass uns der Partner nach einem Salto auch auffängt. – Wir jonglieren mit vielerlei Pflichten und Aufgaben gleichzeitig, und wehe, wenn etwas hinunterfällt. – Wir werden in die Rolle eines Dompteurs gezwängt, der manche „Raubtiere“ in Schach halten muss. – Wir treten wie ein Clown mit Lachen und Scherzen unter die Menschen, obwohl uns manchmal eher zum Heulen zumute ist. – Ja, und dann spielen wir oft genug die Rolle des Zirkusdirektors, der sich um alles kümmern muss, damit die tägliche Vorstellung gelingt. (nach Ideen der Pfarrei St. Theresia, Düsseldorf)

Herr, ich will dankbar und freudig mittun im „Zirkus Leben“.

22

Jesus sagt: Der Mensch lebt nicht vom Brot allein, sondern von jedem Wort, das aus dem Mund Gottes hervorgeht. (Mt 4,4)

„In einem guten Wort ist Wärme für drei Winter“, sagt ein Sprichwort aus der Mongolei. Wie viel mehr können die Worte Gottes in der Hl. Schrift heilsam für die Seele sein!
Jeder, bei dem die Geheimpolizei zur Zeit der Christenverfolgung eine Hl. Schrift fand, musste mit Verhaftung rechnen: Eine Frau sah die Fahnder kommen. Was tun? Sie war gerade dabei, Brot zu backen. So nahm sie in Windeseile die Bibel, rollte sie in den Teig und schob das Ganze in den Ofen. Trotz intensiver Suche fand man die Bibel nicht.
Als das Brot dann auf den Tisch kam und die unversehrte Bibel herausgebrochen wurde, ahnte jede(r) am Tisch, was das heißt: Wir leben nicht von Brot allein, sondern von jedem Wort, das aus dem Munde Gottes kommt.

Herr, lass mich nicht erst in Not und Gefahr erkennen, dass ich dein Wort so lebens-not-wendig brauche wie das tägliche Brot.

23

Jesus sagt: Wenn jemand mein Jünger sein will, verleugne er sich selbst, nehme täglich sein Kreuz auf sich und folge mir nach. (Lk 9,23)

Wer schon auf Berge gestiegen ist, weiß um Nebel und Wolken, die unterwegs die Sicht nehmen können, aber auch um den herrlichen Weitblick am Gipfelkreuz, wenn der Himmel aufreißt.
Ein Gleichnis für unser Leben: Wer den weiten, überwältigenden Blick über die Täler zu den schneebedeckten Gipfeln der Berge genießen will, muss im Nebel der Zweifel oder in den Wolken der Schicksalsschläge weiterwandern oder sich einem erfahrenen Bergführer anvertrauen, der ihn zum Ziel bringt.

Herr, jeder Fluggast erfährt, dass ihn über den Wolken strahlender Sonnenschein erwartet. Das soll mir in der Not eines „Unwetters" ein Gleichnis sein: Einmal wird alles gut.

Seid untereinander in geschwisterlicher Liebe zugetan, und übertrefft euch in gegenseitiger Achtung. (Röm 12,10) 24

Mark Twain erzählte einmal von einem Jugendlichen, der das Elternhaus verlassen wollte, weil ihm seine Eltern absolut rückständig erschienen, so dass ein Miteinander unmöglich war. Ein älterer Freund, dem er sich anvertraute, sagte darauf Folgendes zu ihm: „Junger Freund, ich kann dich gut verstehen. Als ich so alt war wie du, waren meine Eltern genauso ungebildet. Es war nicht auszuhalten. Aber du musst Geduld mit den alten Leuten haben. Sie entwickeln sich langsamer. Nach zehn Jahren hatten sie bereits so viel dazugelernt, dass man sich schon ganz vernünftig mit ihnen unterhalten konnte. Und was soll ich dir sagen? Heute, nach zwanzig Jahren – ob du es glaubst oder nicht –, wenn ich keinen Rat weiß, dann frage ich meine alten Eltern. So können die sich ändern!"

Herr, lass mich warten können und versuchen, die Sichtweise des anderen zu verstehen, bevor ich das Porzellan endgültig zerschlage.

Jesus machte eine Geißel aus Stricken und trieb alle aus dem Tempel hinaus. (Joh 2,15) 25

Wer seine Kinder streng zum Gehorsam erzieht, mag auf lange Strecken ein angenehmes Leben haben. Aber genauso wichtig wäre es, sie zum Widerstand zu ermuntern, auch wenn wir ihn am eigenen Leib zu spüren bekämen! Wo sonst, wenn nicht zu Hause, sollen Kinder das kritische Denken und das Nein-Sagen üben?
Wie war das mit den sieben Geißlein? Der böse Wolf fraß die sechs, die gehorsam waren und nicht in den Uhrkasten geschaut haben, weil sie die Uhr hätten verderben können. Nur das Unarti-

ge überlebte, das den hohlen Uhrkasten erprobt hatte. Da war Mutter Geiß aber froh! (nach Franz Fühmann)

Herr, schenke mir Vertrauen in die Fähigkeiten meiner Kinder, so dass ich auch mit ihrem „Nein" leben kann. Und verleihe mir genügend Mut, auch einmal „nein" zu sagen.

26 **Mancher Erfolg wird dem Menschen zum Schaden; mancher Gewinn wird zum Verlust.** (Sir 20,9)

Wer nicht „nein" sagen kann, wer sich nicht auch Zeit für die Seele nimmt, steht irgendwann ausgebrannt und leer da:
Sie war sehr beliebt und gefragt. Vielleicht lag es daran, dass sie allen so herzlich begegnete. Irgendwann aber wurde es zu viel: die Telefonate, die Nachfragen, die Bitten … Sie merkte schon, dass ihr Herz immer weniger dabei war und sie die „inneren Schubladen" immer mechanischer öffnete. Schließlich funktionierte sie nur noch. Keiner übte Kritik, wenn sie etwas ohne Herz bekamen, sie schienen zufrieden.
Eines Tages brach sie zusammen. Da erkannte sie traurig, dass sie – auch weil sie niemanden enttäuschen wollte – ihre Mitte verloren hatte.

Herr, meine Seele braucht Zeiten, in denen sie durchatmen kann. Ich darf nicht erst dann „nein" sagen, wenn sie erstickt ist.

27 **Jesus sagt: Wie kannst du zu deinem Bruder sagen: Ich will den Splitter aus deinem Auge ziehen – und dabei steckt in deinem Auge ein Balken?** (Mt 7,4)

Manchmal setzen wir eine „Brille" auf, die uns auf Irrwege führt: Ich verdächtige mein Kind des Diebstahls – ein Geldstück fehlt. Es kann gar nicht anders sein! Ständig beobachte ich das Kind: Sein Gang, sein Blick, alles, was es tut, bestätigt meinen Verdacht. Aber dann klärt sich die Sache auf: Das Geldstück war einem Bettler gegeben worden. Und siehe: Der Gang und der Blick des Kindes sind nicht mehr die eines Diebes.
Einer Frau erschien, wenn sie durch das Fenster ihres Hauses

blickte, die Wäsche der Nachbarin stets grau und unansehnlich. Sie freute sich umso mehr über ihre eigene weiße Wäsche, die auf der anderen Seite des Hauses trocknete. Jahrelang mokierte sie sich über die „schmuddlige“ Nachbarin. Welche Überraschung aber, als eines Tages neue, lärmdämmende Fenster eingebaut wurden: Die Wäsche der Nachbarin war weiß, schneeweiß! – Doch nicht die Wäsche hatte sich verändert, sondern die Qualität des Fensterglases.

Herr, ich nehme mir vor, ab und zu die Brille zu überprüfen, durch die ich meine Mitmenschen betrachte.

Der Weingärtner antwortete: Herr, lass ihn noch dieses Jahr stehen, bis ich um ihn her gegraben und Dünger gestreut habe. Vielleicht trägt er doch noch Früchte. (Lk 13,8.9) 28

Wenn Gott sich Zeit mit uns lässt, müssen wir dann nicht auch mehr Geduld mit uns selber haben?
Ein Gärtner hatte einen Rosenstrauch gezüchtet und wartete Jahr für Jahr auf Blüten. Aber der Strauch entwickelte nur Stacheln, so dass dem Gärtner manchmal die Hände bluteten, wenn er den Boden unter ihm bearbeitete. Schließlich wollte er ihn aushacken und verbrennen.
Bei näherem Hinsehen aber entdeckte er einen neuen kräftigen Zweig. Ihm gab er noch eine Chance. Als schließlich Knospen wuchsen und sich die erste Rose öffnete, konnte er sich nicht satt sehen an ihrer Schönheit; und ihr Duft erfüllte den Garten. (nach Margarete Walke)

Herr, gib mir immer wieder eine neue Chance.

Freut euch zu jeder Zeit. Prüft alles, und das Gute behaltet. (1 Thess 5,16.21) 29

Ob uns ein Glas halb voll oder halb leer erscheint, hängt von unserer augenblicklichen positiven oder negativen Lebenseinstellung ab. „Du siehst so unzufrieden aus“, bemerkte ein Eimer zu seinem Kameraden, als sie zum Brunnen kamen.

„Ach“, meinte der andere, „ich dachte gerade daran, wie nutzlos es ist, immer neu gefüllt zu werden, wenn wir doch immer wieder leer zurückkommen.“
„Na, so was“, sagte der Erste, „so habe ich das noch gar nicht gesehen. Ich freue mich immer über den Gedanken, dass wir, obgleich wir leer kommen, doch immer gefüllt weggehen.“ (H.L. Gee)

Danke, Herr, dass ich leben darf. Schenke mir Lebensfreude und Tatkraft!

30 **Zachäus stieg eilends vom Baum herab und nahm Jesus mit Freuden bei sich auf. Als die Leute das sahen, murrten sie und sagten: Bei einem Sünder ist er eingekehrt.** (Lk 19,6f)

Indem ich die Fehler und Schwächen eines Mitmenschen übersehe und das Positive an ihm hervorhebe, verwandle ich ihn. Es ist wie mit der Kaktee, deren Stacheln, an denen ich mich verletzen kann, ich zwar sehe, deren zauberhafte Blüte mich aber die Stacheln vergessen lassen kann.
Weil ich den Mitmenschen jetzt anders sehe, habe ich zunächst *mich* selbst geändert. Diese meine Änderung nimmt auch der andere mit Freude wahr und begegnet mir verändert. (nach Anselm Grün)

Herr, es ist besser ein Licht anzuzünden, als über die Finsternis zu schimpfen.

MAI

Jesus sagt: Ihr könnt nicht zwei Herren dienen, Gott und dem Mammon. (Mt 6,24) 1

Weihen wir der Arbeit unser Leben? Entzünden wir Weihrauchstäbchen vor dem Wirtschaftswachstum? Ein Südseehäuptling erzählte nach einer Europareise seinem Volk Folgendes:
Wenn du dem Europäer vom Gott der Liebe erzählst, lächelt er über deine Einfalt. Gibst du ihm aber ein Stück Gold oder einen Geldschein, dann leuchten seine Augen und tritt Speichel auf seine Lippen. Geld ist seine Gottheit. Es gibt viele, die haben ihre Freude hingegeben für Geld, auch ihr Lachen, ihre Ehre, ihr Gewissen, ihr Glück, ja Frau und Kind. Fast alle geben ihre Gesundheit dafür … (nach Erich Scheurmann, Der Papalagi)

Herr, lass mich dem Geist dienen, der befreit und nicht unterjocht.

Als Petrus sah, wie heftig der Wind war, fürchtete er sich, und er begann zu sinken. Er schrie: Herr, rette mich! Jesus streckte sofort die Hand aus, ergriff ihn und sprach zu ihm: Du Kleingläubiger, warum hast du gezweifelt? (Mt 14,30f) 2

Die Seerose oder Lotusblume auf Teichen und Tümpeln gilt als Symbol für den Menschen: Wir kommen aus dem Wasser, gründen im Erdreich und öffnen uns für den Himmel.
Bei diesem Vergleich bedeutet die Verwurzelung in der Tiefe, eine Familie oder Menschen zu haben, die uns Geborgenheit schenken. Wie wichtig ist auch die Kraft „aus der Höhe“: die Zuneigung in einer Freundschaft, die verzeihende Güte, die Gnadengaben Gottes.
Und wir brauchen etwas wie das Wasser, das uns schützt und trägt, damit die Stürme des Lebens uns nicht aus der Verankerung reißen: Das sind Gemeinschaften – bis hin zu der Gemeinschaft mit Christus –, in die wir aufgenommen oder getauft werden.

Herr, danke für meine Verwurzelung in der Tiefe, für mein Vertrauen auf dich und andere und dafür, dass mich viele Menschen tragen: So kann ich mich über Wasser halten.

3 **Liebe Schwestern und Brüder! Wir wollen einander lieben, denn die Liebe ist aus Gott. Nicht darin besteht die Liebe, dass wir Gott geliebt haben, sondern, dass er uns geliebt und seinen Sohn als Sühne für unsere Sünden gesandt hat.** (1 Joh 4,7.10)

Alte Wagenräder aus Holz hängen als Zierde an Häusern, Zäunen und in Biergärten ... Sie können ein wunderschönes Gleichnis für unser Leben sein: Wir Menschen sind die Speichen, die außen und innen einen festen Halt brauchen:
Der Halt in der Mitte, die Nabe, ist Gott, unser Ursprung und Ziel. Den Halt außen, die Felge, schenkt die Familie oder eine Gemeinschaft, der Ehepartner oder Freund. Um belastbar zu sein, muss ich mich nach beiden Richtungen ausstrecken und festhalten oder festhalten lassen, Gott vertrauen und die Nächsten lieben. Als Speiche brauche ich eine gewisse „Formung", um ins Rad zu passen. Dann kann es losgehen: Beim Drehen des Rades werden die Speichen im Wechselspiel be- und entlastet, die Last verteilt sich gleichmäßig auf alle. (z.T. nach Elmar Gruber)

Herr, ich will mir immer wieder vor Augen halten, dass fehlende Speichen dem ganzen Rad die Stabilität nehmen.

4 **Wenn nicht der Herr das Haus baut, so mühen sich umsonst, die daran bauen.** (Ps 127,1)

Martin Luther schrieb einmal an seine Frau: „Liebe Katharina, nach einem langen Tag sitze ich bei einem Maß Bier und denke mir, der liebe Gott wird es schon machen."
Solch ein Glaube entlastet: Er befreit den Menschen von der Sorge und Vorstellung, allein von seinem Tun und Lassen hinge alles Gelingen ab. Er holt den Menschen vom hohen Ross herunter. Dieser Glaube macht nicht lässig, sondern gelassen; nicht über-

mütig, sondern mutig; nicht träge, sondern tragfähig; nicht hektisch, sondern engagiert.

Herr, bring zu einem guten Ende, was ich beginnen darf!

Jesus sagt: Betet allezeit und lasst darin nicht nach. Und er 5
fügt hinzu: Sollte Gott den Seinen, die Tag und Nacht zu ihm schreien, nicht zu ihrem Recht verhelfen? (Lk 18,1.7)

Am Telefon sprechen wir stets mit jemandem, den wir nicht sehen, aber hören. Im Gebet wenden wir uns an den, auf dessen unsichtbare Gegenwart wir vertrauen und von dem große Beter sagen, dass sie ihn hören. Es gibt schöne Vergleiche zwischen Telefonieren und Beten:
Gott ist jederzeit zu sprechen, gebührenfrei, ohne Besetztzeichen! – Vernehmen wir nicht die Stimme des Gegenübers, so fragen wir uns zunächst, ob wir die „Verbindung" tatsächlich hergestellt haben. – Es ist gut, Gott nicht nur über den Notruf anzuläuten, denn das Gespräch mit Gott ist Atemholen für die Seele.

Herr, manches kann allein den Betern gelingen.

Was hilft es, wenn jemand sagt, er habe Glauben, aber kei- 6
ne Werke hat? Kann etwa der Glaube ihn retten? (Jak 2,14)

In Bert Brechts „Mutter Courage" erfahren während des Dreißigjährigen Krieges einige Bauern, dass die Häuser der Nachbarn in der Nacht überfallen werden sollen. Der Terror der Soldateska schüchtert sie ein; sie getrauen sich nicht, die bedrohten Einwohner zu warnen. So beten sie: „Vater unser … lass die Stadt nicht umkommen … weck sie auf, dass sie wach werden … steh ihnen bei …" Allein die stumme Kathrin steigt, während die anderen beten, auf das Holzdach und trommelt die Leute wach. Sie wird niedergemacht, aber die Menschen haben das Trommeln gehört und rüsten sich zur Gegenwehr.
War das Gebet der Rückenwind für die nötige Tat?

Herr, lass mich nicht nur die Hände falten, wenn Hilfe gefragt ist.

! *Hinweis:*
Um Christi Himmelfahrt nehmen Sie bitte die Gedanken vom 7. bis 9.5., um Pfingsten die vom 18. bis 25.5.
Wenn es Ihnen vergönnt ist, Urlaub zu machen, ziehen Sie bitte die Juli-Gedanken vor.

7 **Jesus sagt: Dein Reich komme, dein Wille geschehe wie im Himmel, so auf der Erde.** (Mt 6,10)

Ein religiös geprägter Mensch freut sich auf den Himmel. Er sollte sich aber bewusst sein, dass das Ersehnte schon jetzt sehr nah und erfahrbar ist.
So suchten zwei Mönche den Ort, an dem Himmel und Erde sich berühren und nahmen dafür viele Gefahren und Entbehrungen auf sich. Schließlich standen sie vor einer Tür. Sie öffneten sie mit bebenden Herzen und – befanden sich zu Hause in ihrer Klosterzelle.
Schon an der Stelle, die Gott uns auf dieser Erde zugewiesen hat, können sich Himmel und Erde berühren.

In einem Lied heißt es: „Weißt du, wo der Himmel ist? Nicht so hoch da oben. Eine Handbreit rechts und links, du bist aufgehoben." (W. Willms)
Herr, verbirg dich nicht in Zeiten der Not, damit wir dich leichter finden.

8 **Die Liebe ist gütig …, sie sucht nicht ihren Vorteil.** (1 Kor 13,4.5)

Wie schön, ein Liebespaar zu beobachten: Ein Stück Himmel wird sichtbar, wenn jeder bemüht ist, zum Glück des anderen beizutragen. Und weil jeder geben will, bleibt genug für beide, vom anderen zu empfangen.
Zwei Brüder ernteten in einem ärmlichen Land ihren Mais. Weil der eine unverheiratet war, schichtete er nachts einige Garben zu denen des Bruders, der viele Münder zu stopfen hatte. Aber dieser dachte voller Sorge an die alten Tage des Bruders, der dann ohne Versorgung sein würde, und trug einige Garben zum Stoß

des anderen. Am Morgen waren beide verdutzt, die Garbenstöße gleich groß vorzufinden. In der nächsten Nacht versuchten sie erneut, ihre Absichten in die Tat umzusetzen. Dabei trafen sie auf halbem Wege aufeinander, erkannten, wie gut es jeder mit dem anderen meinte, und umarmten sich in herzlicher Liebe.

Herr, wenn jeder teilt, was er hat, dann werden alle satt.

Gott wird bei ihnen wohnen. Er wird alle Tränen von ihren Augen abwischen. (Offb 21,3f) 9

Den Hunger nach Liebe, den wir alle spüren, kann ich nur über die Liebe zu anderen stillen. Wer nur *selbst* im Leben glücklich werden will, bleibt oft vergeblich auf der Suche; wer *andere* glücklich machen will, ist kurz vor dem Ziel.
Das meint auch die Geschichte vom Rabbi, der einmal „Hölle" und „Himmel" sehen wollte. Zunächst sah er einen großen Raum, in dessen Mitte ein Topf mit einem köstlichen Gericht stand; rundum saßen Leute mit überlangen Löffeln, die in eisiger Stille und fieberhaftem Bemühen sich selbst die besten Brocken herausfischen wollten. Aber die Löffel waren zu lang; sie ließen sich nicht zum Munde führen; so blieben die Leute hungrig und sahen blass und elend aus. Das war die Hölle.
Im anderen Raum gab es die gleiche Situation. Nur versuchten hier alle, mit den überlangen Löffeln *dem jeweiligen Gegenüber* etwas zu essen zu geben – und das in einer herzlichen, frohen Atmosphäre. Sie alle sahen gesund und glücklich aus.
Die Blickrichtung kennzeichnet auch jetzt schon Egoisten und Liebende, lässt den Zustand von „Hölle" und „Himmel" erahnen.

Herr, ich muss von Zeit zu Zeit meine Blickrichtung überprüfen.

Einer trage des anderen Last; so werdet ihr das Gesetz Christi erfüllen. (Gal 6,2) 10

Gott hat jedem Menschen seine Würde gegeben; kann der Mensch uns eine Last werden?
Ein kleiner Junge in Asien, der seinen kranken Bruder auf den

Schultern trug, wurde gefragt: „Wird dir die Last nicht zu schwer?“ Der Kleine antwortete: „Das ist keine Last, das ist mein Bruder!“
Eltern kennen die schiefen Blicke von Verwandten und Nachbarn, wenn sie zu einem behinderten Kind „ja“ gesagt haben. Auf die Frage „Ist es Ihnen eine Last?“ antworten sie: „Das ist doch unser Kind!“
Ein Ehepaar, selbst mit mancherlei Problemen belastet, kümmert sich aufopferungsvoll um den alten Vater, der sich kaum noch bewegen kann und dessen Geist zunehmend verwirrt ist. Eine Last? „Es ist doch unser Vater!“ (nach K. Rüdiger Durth)

Herr, die Liebe zu einem hilflosen Menschen verleiht ungeheure Kräfte. Mach mich stark, und erfülle mich mit deiner Liebe, wenn ich gefordert bin.

11 **Die Liebe sucht nicht ihren Vorteil; trägt das Böse nicht nach; hält allem stand. Die Liebe hört niemals auf.** (1 Kor 13,5.7.8)

Die Rose gilt von alters her als Symbol der Liebe.
Wie zart die Blütenblätter, wie intensiv oft die Farbe, wie betörend manchmal der Duft! Aber wie sehr können ihre Dornen – Sinnbilder der Feindseligkeit, des Zufügens von Schmerz – verletzen! Das Grün der Blätter aber ist Symbol der Hoffnung.
Wer selbst nach Jahren der Liebe noch eine Rose mit den Worten geschenkt bekommt: „Danke, dass es dich gibt!“ oder „Ohne dich könnte ich mir das Leben nicht vorstellen!“, dessen Seele spannt weit ihre Flügel aus.

Herr, jeden Tag werden wir von dir beschenkt. Unser Leben selbst ist das beglückendste Geschenk aus deiner Hand! Ich danke dir und bitte dich: Mache mich frei, andere zu beglücken.

12 **Wer Gott liebt, soll auch seinen Bruder und seine Schwester lieben.** (1 Joh 4,21)

Angesichts so vieler grausamer Nöte in der Welt stellen Menschen die Barmherzigkeit Gottes in Frage. Aber wird hier Gott nicht zum Lückenbüßer gemacht?

Auf einer Reise traf jemand hungernde, frierende Straßenkinder, zitternd in dünnen Kleidchen, die ohne Hoffnung, etwas zu essen oder etwas Warmes zum Anziehen zu bekommen, vor räuberischen Überfällen nicht zurückschreckten, um zu überleben. Der Mann wurde zornig und klagte Gott an: „Wie kannst du das zulassen? Warum tust du nichts dagegen?"
Zunächst blieb Gott stumm. Aber in der Nacht antwortete er ihm: „Ich habe etwas dagegen getan: Ich habe dich geschaffen!"

Herr, noch ist die Erde reich genug für alle. Ich muss aufpassen, dass ich mich nicht abschirme von der Not anderer.

Ich habe die Zuversicht, zu schauen die Güte des Herrn im Land der Lebenden. (Ps 27,13) 13

Das Vertrauen auf Gott nimmt unseren Verstand nicht aus der Pflicht. Das musste ein frommer Muslim lernen, der den Worten des Propheten andächtig gelauscht und dann in gläubiger Hingabe gebetet hatte. Als er schließlich nach draußen ging, war sein Kamel fort. Mit sich überschlagender Stimme lief er zum Propheten zurück, um sich zu beklagen: „Ist das die Belohnung meiner Andacht, der Dank Gottes für meine Gebete?" Mohammed antwortete mit einem gütigen Lächeln: „Vertraue auf Gott *und* binde dein Kamel fest." (nach Nossrat Peseschkian)

Herr, du bist mir nah auch in den Unvollkommenheiten des Lebens, die ich mir selbst zuzuschreiben habe.

Jesus sagt: Ihr seid das Salz der Erde. Wenn das Salz seinen Geschmack verliert, womit soll es salzig gemacht werden? Es ist zu nichts mehr nütze, es wird weggeworfen und von den Leuten zertreten. (Mt 5,13) 14

Wie arm wäre die Welt ohne Salz! Salz kann Eis zum Schmelzen bringen. Salz schützt vor Fäulnis, darum sind z.B. Heringe in Salz gebettet. Salz gibt dem Ei, den Pommes den rechten Geschmack, den Speisen die Würze! Salz trägt im Toten Meer mit seinen 23 % Salzgehalt jeden, der sich aufs Wasser legt. Salz erhält Leben,

wenn wir an heißen Tagen den Salzhaushalt in unserem verschwitzten Körper durch entsprechende Speisen ausgleichen müssen.
Früher streute der Priester bei der katholischen Taufe dem Kind etwas Salz auf die Zunge mit den Worten: „Empfange das Salz der Weisheit." Die Ergänzung steht oben: Damit du Eispanzer um die Herzen schmelzen kannst, keine faulen Kompromisse eingehst, der Welt Würze und Geschmack gibst sowie die Lasten des Lebens tragen und Leben erhalten kannst!

Herr, schenke mir eine Prise deiner Lebendigkeit, wenn ich einmal wieder schal bin.

15 **Jesus sagt zu den Dienern: Füllt die Krüge mit Wasser! Und sie füllten sie bis oben.** (Joh 2,7)

Ich stehe vor einem Töpferladen und schaue mir die verschiedenen Krüge an: große und kleine, verzierte und einfache, bauchige und schlanke, antike und moderne. So verschieden sind auch die „Lebenskrüge" der Menschen: Ihr Fassungsvermögen ist unterschiedlich, aber alle sind offen zum Empfangen und zum Weitergeben.
Das Urteil über den Wert eines jeden Lebenskruges überlassen wir dem göttlichen Richter, der nicht auf das Fassungsvermögen schaut, sondern auf unsere Absicht und Offenheit.

Herr, mach uns offen zum Nehmen und Geben, und fülle unsere „Lebenskrüge" am Ende einmal bis an den Rand mit Seligkeit.

16 **Jesus sagt: Bleibt in meiner Liebe.** (Joh 15,9)

Auf dem Altar vorne steht der Kelch.
Sein breiter Fuß steht fest auf tragendem Grund.
Der Kelch ist nach oben geöffnet, um zu empfangen und weiterzugeben.
Er wird gefüllt und nimmt auf, was ihm zur Weitergabe anvertraut wurde.

Herr, ich will fest stehen in deiner Welt, offen für deine Gnadengaben und bereit, sie weiterzugeben.

Jesus sagt: Segnet die, die euch verfluchen. 17
(Lk 6,28)

Dietrich Bonhoeffer hat einmal über das Segnen gesagt: „Segnen, das heißt, die Hand auf etwas zu legen und zu sagen: Du gehörst trotz allem Gott!"
Früher war das Segnen selbstverständlicher: Vater und Mutter segneten die Kinder, die aus dem Haus oder für lange weit fortgingen; der Sterbende segnete die Zurückbleibenden; die Mutter zeichnete ein Kreuz auf das Brot, bevor sie es anschnitt. Für den Segen eines Neupriesters liefen sich manche die Schuhsohlen durch! Von einem Haus, in dem Gutes geschah, sagten die Leute: „Auf diesem Haus liegt Segen!"

Herr, ich will das Segnen wieder neu entdecken und bitte dich um Schutz und Erbarmen für alle Menschen, die mir begegnen.

Und es wird geschehen: Ein jeder aber, der den Namen des 18
Herrn anruft, wird gerettet. (Joël 3,5)

Besonders denen, die an sich und der Welt verzweifeln, müsste die Gute Nachricht weitergesagt werden, dass vor Gott jederzeit ein neuer Anfang möglich ist.
Ein Journalist durfte das Gefängnis in Tellers besichtigen. Er begegnete dort auch einem Schwerverbrecher, der als begabter Künstler ein Pfingstbild für die Anstaltskirche gemalt hatte: Zwölf Männer blickten mit weit aufgerissenen Augen bestürzt in strahlendes Licht nach oben. „Aber es darf nicht aufgehängt werden", sagte der Wachtmeister, „weil er nur die allerschlimmsten Mitgefangenen, die übelsten Verbrecher, gemalt hat."
Danach gefragt, meinte der Maler etwas befangen: „Die Erkenntnis, dass an Pfingsten alles anders geworden ist, brauchen Fromme nicht so sehr. Aber denen, die an sich verzweifeln, muss gesagt werden, dass sich Sünder radikal umwandeln können. Kleine

Sünder können durch die Frau oder das Gefängnis geändert werden, aber die ganz großen ändert nur – Gott." Er klopfte wortlos auf eine Stelle des Bildes. Da erst fiel dem Journalisten auf, dass er sich selbst mit hineingemalt hatte. (nach Rudolf Hempel)

Herr, ich weiß, dass ich auch dann noch in deiner Liebe geborgen bin, wenn ich große Schuld auf mich geladen habe.

19

Herr, ich vertraue auf dich. Ich sage: „Du bist mein Gott." In deiner Hand liegt mein Geschick. Hilf mir in deiner Güte! (Ps 31,15–17)

Es gibt Momente, da kann uns nur ein Geistesblitz helfen, sagen wir lieber: die Geisteskraft Gottes.
So wie bei dem jungen Geistlichen, der zum ersten Mal im Gefängnis predigen sollte. Er spürte die Kälte der höhnischen Gesichter. Unsicherheit ließ ihn auf der vorletzten Stufe stolpern und der Länge nach hinfallen. Brüllendes Gelächter. Einen Augenblick lang fühlte er sich von Schmerz und Scham gelähmt. Dann sprang er auf, stürmte die Treppe empor und lachte auf die Gestreiften hinunter: „Deswegen, Männer, bin ich gekommen: Ich wollte euch zeigen, dass man wieder aufstehen kann, wenn man gestürzt ist." (nach Eberhard Puntsch)

Herr, wenn ich „ganz unten" angelangt bin, sprich mir Mut zu und gib mir Kraft, dass ich wieder aufstehe.

20

Ich weiß, dass mein Erlöser lebt. (Ijob 19,25)

Jeder Künstler hat Tiefen durchschritten, in denen jeder schöpferische Funke erloschen war. So schritt der knapp 60-jährige Georg Friedrich Händel († 1759) deprimiert durch Londons Straßen, weil sich die vornehme Welt von seiner Musik abgewandt hatte und er mittlerweile in materielle Not geraten war. Zu Hause blätterte er gleichgültig in einem dicken Postpaket, das ein zweitrangiger Dichter ihm als „geistliches Oratorium" zugesandt hatte, bis ihm die Zeilen in die Augen sprangen: „Er war verachtet und verschmäht von den Menschen ... da war nicht einer, der Mitleid mit ihm hatte ... aber ich weiß, dass mein Erlöser lebt ... Halleluja!" Da steckte ihn „ein Funke von oben" in Brand und wunderbare Klänge erfüllten sein Inneres. 24 Tage arbeitete er Tag und Nacht wie ein Besessener, fast ohne Nahrung und Schlaf. Dann fiel er erschöpft auf sein Bett. Die Partitur des „Messias" war fertig.

Herr, schenke mir manchmal einen „Funken von oben", der mich aus Niedergeschlagenheit und Routine reißt und neu entflammt.

21

Jesus sagt: Kommt alle zu mir, die ihr mühselig und beladen seid. Ich will euch Ruhe geben. (Mt 11,28)

Meine Mutter, gelernte Schneiderin, drückte mir als Junge manchmal einen Magneten in die Hand, um zwischen all den Stoffresten die heruntergefallenen Stecknadeln herauszufischen: Ein schöner „Zauberstab" war so ein Magnet, der im Nu alles an sich zog.
Von der außerordentlichen Anziehungskraft Jesu wissen wir: Die Menschen strömten in Scharen zu ihm. „Er war wie ein Magnet in der Hand Gottes, und mit diesem Magneten fuhr Gottes Hand über unsere Erde", schreibt Alfred Salomon. Und viele zogen wie magnetisiert mit ihm überallhin. – Am Pfingsttag ließen sich 3 000 Menschen taufen.

Herr, ich will ganz nah an dein Kraftfeld treten, damit ich mich nach dir ausrichte.

22

Und es erschienen den Jüngern Zungen wie von Feuer, die sich verteilten, auf jeden von ihnen ließ sich eine nieder. Und sie wurden alle mit dem Heiligen Geist erfüllt.
(Apg 2,3f)

Auf hartem, spröden Eisen kann man stundenlang herumschlagen: Es ist kaum veränderbar. Aber ins Feuer gelegt wird es butterweich: Es lässt sich dann formen.
Gott lädt uns ein, in das Feuer seines Heiligen Geistes einzutauchen. Dann wird sich unser Herz verändern und unser Leben neu gestalten.

Herr, forme mich zu einem Werkzeug in deinen Händen: Wärme du, was kalt und hart; löse, was in sich erstarrt. (nach der Pfingstsequenz)

23

Jesus sagt: Bemüht euch mit allen Kräften, durch die enge Tür zu gelangen. (Lk 13,24)

Der Windvogel spricht: „Gegenwind ist eigentlich eine gute Sache. Denn je mehr der Wind gegen mich ist, desto höher steige ich. Das ist meine Erfahrung: Wenn ich nicht nachgebe, dann muss er mich heben!“ (nach Hans Baumann)

Herr, nur tote Fische schwimmen mit dem Strom! So komm, Heiliger Geist, und befreie mich von der Angst, manchmal gegen den Strom schwimmen zu müssen.

24

So spricht Gott: Ich werde von meinem Geist ausgießen über alles Fleisch, und eure Söhne und eure Töchter werden weisssagen und eure jungen Männer werden Visionen haben, und eure Alten werden Träume träumen. (Apg 2,17)

Wie ein schlaffer Ballon liege ich manchmal am Boden und bin so nicht zu gebrauchen. Feuerstöße heißer Luft machen den Fesselballon startklar. Das schafft nicht einer allein, eine Mannschaft muss her – und es gehört Wind dazu, der ihn treibt, wenn die Leinen gekappt sind. Feuer und Wind sind Sinnbilder für den Geist Gottes. Ich weiß nicht, wohin ich gelange, wenn ich mich auf ihn einlasse.

Von guten Mächten wunderbar geborgen, erwarten wir getrost, was kommen mag. Gott ist mit uns am Abend und am Morgen und ganz gewiss an jedem neuen Tag. (Dietrich Bonhoeffer)

Jesus sagt: Wenn der Geist der Wahrheit kommt, wird er euch in die ganze Wahrheit führen. (Joh 16,13) 25

Gott ist ganz anders als jede unserer Vorstellungen. Und doch dürfen wir nicht von ihm schweigen, brauchen also Gleichnisse.
Der hl. Patrick († um 460 oder 492) stieß bei seiner Irlandmission auf den Widerstand des Königs von Tara, der ihm entgegenhielt: „Du sprichst von einem einzigen Gott, der aber in drei Personen auftritt? *Ein* Gott oder *drei* Götter?" Da zeigte Patrick ihm ein Kleeblatt: „Wie die drei Blättchen des Klees, die sich voneinander unterscheiden, doch am Stiel untrennbar miteinander zur Einheit verbunden sind, so ist Gott einer, und doch sind in ihm drei Personen: der Vater, aus dessen unendlicher Liebe wir geschaffen wurden; der Sohn, der uns Bruder wurde, und der Heilige Geist, der uns fähig macht, die Liebe des Vaters und des Sohnes zu erspüren." So wurde das Kleeblatt zum Symbol für Irland, nicht nur auf der Landesfahne.

Danke, Unnennbarer, für deine Sonne, deren Licht in den Strahlen Jesu Christi unsere Dunkelheit durchbrach und deren Wärme wir im Heiligen Geist erfahren können.

In der Hoffnung haben wir einen sicheren und festen Anker der Seele. (Hebr 6,19) 26

Meister Eckhart († 1328), der bedeutendste deutsche Mystiker des Mittelalters, schrieb einmal: „Die ein gutes Leben beginnen wollen, sollen es machen wie einer, der einen Kreis zieht: Hat er den Mittelpunkt des Kreises richtig angesetzt und steht er fest, so wird die Kreislinie gut. Das soll heißen: Der Mensch lerne zuerst, dass sein Herz fest bleibe in Gott; so wird er beständig werden in allen seinen Werken."

Herr, lass mich in der Liebe zu dir fest verankert sein, damit meine Kreise gelingen und ich nicht aus deiner „Umlaufbahn" gerate.

27 **Das ist die Botschaft, die wir von ihm gehört haben und euch verkünden: dass Gott Licht ist und keine Finsternis in ihm ist.** (1 Joh 1,5)

Welche(r) Suchende möchte nicht gern die Existenz Gottes bewiesen haben? „Aber diese Forderung", schreibt Eugen Drewermann, „ist ebenso töricht, wie wenn man jemandem die Existenz des Lichtes beweisen wollte. Wir machen die Augen auf und wir sehen – nicht das Licht, aber alles im Licht. So sehen wir auch Gott nicht, aber alle Dinge erscheinen anders von Gott her. Nicht um Beweise, sondern um Hinweise und Aspekte muss es daher gehen."

Herr, du bist das Licht der Welt – leuchte in meine Dunkelheiten!

28 **Er langte aus der Höhe, ergriff mich, zog mich heraus aus großen Wassern.** (Ps 18,17)

Überlebende von Konzentrationslagern, diesem äußersten Grenzbereich menschlicher Leiderfahrungen, haben übereinstimmend berichtet: Menschen mit einer Weltanschauung, mit einem Halt außerhalb ihrer eigenen Existenz, hatten bessere Überlebenschancen, ob sie sich nun als Christen oder Kommunisten, als Gewerkschafter oder Zeugen Jehovas verstanden. Alle anderen waren leichter Opfer von Krankheiten oder eher versucht, sich das Leben zu nehmen – ihr Leben hatte keinen „Sinn". Deshalb ist es die wichtigste und vornehmste Aufgabe von Eltern, ihren Kindern einen Halt zu vermitteln, der sie in den Steilkurven des Lebens vor dem Absturz bewahrt.
„Religion" heißt übersetzt „Bindung": sich festhalten an einem anderen oder sich halten lassen von einem anderen.

Herr, sei du mein Halt und meine Kraft!

Die Gemeinde der Gläubigen war ein Herz und eine Seele … Mit großer Kraft legten die Apostel Zeugnis von der Auferstehung Jesu, des Herrn, ab. (Apg 4,32f) 29

Die Sehnsucht vieler Menschen nach einem sinnvollen und erfüllten Leben ist groß. Aber was tun, wenn einer den Durst nach Gott verloren hat und sich mit Alkohol, Fernsehen, Computer, Urlaub oder Auto zufrieden gibt?
Jacques Loew schreibt spöttisch: „Da ist der Mensch wie ein Esel, der keinen Durst hat. Soll ich es mit dem Stock versuchen oder ihm Salz zu schlucken geben? Das bringt es alles nicht! Es gibt nur eine Lösung: Ich muss einen durstigen Esel daneben stellen, der ausgiebig, mit Genuss und Behagen trinkt. Aber ohne jedes Theater: einfach weil er Durst hat, einen großen, unstillbaren Durst! Ihr werdet sehen: Den Kollegen wird die Lust ankommen, auch das erfrischende Wasser zu schlürfen."

Herr, Menschen, die Hunger und Durst nach Gott haben, sind eine bessere Predigt als viele erbauliche christliche Reden. Mach mich überzeugter und überzeugender.

Dient einander mit der Gabe, wie sie ein jeder empfangen hat, als treue Sachwalter der vielfältigen Gnade Gottes. … Wer dient, der diene aus der Kraft, die Gott verleiht. 30
(1 Petr 4,10.11)

Oft schmücken Mobiles Zimmer und Gemeinschaftsräume. Wie sehr symbolisiert ein Mobile eine gute Gemeinschaft:
Die Elemente des Mobiles bewegen sich harmonisch. Jedes einzelne zieht seine eigene Bahn, kann sich sogar um sich selbst drehen, aber jede seiner Bewegungen wirkt sich auf alle anderen aus. Die großen Elemente halten die kleineren. Käme ein Element hinzu, müssten sich alle anderen neu einpendeln, also ihren angestammten Platz verlassen! Das Mobile ist an einem zentralen Punkt festgemacht; so finden alle Elemente Halt.

Herr, im Mobile einer guten Gemeinschaft werde ich getragen und trage andere mit. Und sei du unser Halt.

31 **Jesus sagt: Ein neues Gebot gebe ich euch: Liebt einander! Wie ich euch geliebt habe, so sollt auch ihr einander lieben. Daran wird jedermann erkennen, dass ihr meine Jünger seid, wenn ihr einander liebt.** (Joh 13,34f)

Bei einer Olympiade der Behinderten in den USA spielte sich einmal im 400-m-Endlauf in der Zielgeraden ein bewegendes Ereignis ab: Manche Zuschauer konnten kaum hinsehen, als die Läufer, jeder mit einem anderen Handicap, die Bahn durcheilten. Dann passierte es: Der führende Läufer stürzte. Aber der zweite rannte nicht vorbei, um sich den Sieg zu sichern: Er stoppte, half, und zu zweit humpelten sie weiter. Auch die restlichen sechs liefen jetzt auf die beiden zu, griffen sich gegenseitig unter die Arme und so liefen und schleppten sie sich gemeinsam ins Ziel, den Gestürzten in der Mitte. (nach Axel Kühner)

Herr, ich will in den Gemeinschaften, denen ich angehöre, nicht den strahlenden „Sieger" herauskehren, sondern mich einbringen und daran mitwirken, dass alle das Ziel gemeinsam erreichen.

JUNI

Seid untereinander eines Sinnes! 1
(Röm 12,16)

Wenn ich z.B. im Betrieb oder in der Wohnsiedlung Einfluss nehmen will, muss ich mich mit Gleichgesinnten zusammentun. Wir können aber nur dann zum wirkungsvollen Sprachrohr werden, wenn wir einig sind.
Ein Vater rief, bevor er starb, seine sieben Söhne zusammen, die miteinander öfter im Streit lagen. Er zeigte ihnen sieben kräftige Stäbe, die zu einem Bündel zusammengebunden waren, und sagte: „Wer sie zerbrechen kann, bekommt einen Taler!" Jeder versuchte es angestrengt, keinem gelang es.
Da lachte der Vater und sagte: „Nichts ist leichter!", zog jeden Stab einzeln aus dem Bündel heraus und zerbrach ihn mit Leichtigkeit. „Ja, so geht es", sagten die Söhne. Dann aber hatten sie verstanden: Nur wenn wir in Eintracht zusammenhalten, sind wir stark. (nach Christoph von Schmid)

Herr, ich will zur Einheit in den Gemeinschaften beitragen, denen ich angehöre.

Jesus sagt: Ihr seid das Salz der Erde. 2
(Mt 5,13)

Zunächst sah es schlecht aus: Zwei Mönche hatten von den Dorfbewohnern nichts erbetteln können, weil die eigene Not diese bitter gemacht hatte. Enttäuscht und frustriert nahmen die Mönche einen großen Kessel, warfen auffällig Steine hinein und stellten die „Stein-Suppe" aufs Feuer.
Betroffen kamen die Leute, die wie immer alles beobachtet hatten, aus ihren Häusern und besserten die Suppe mit essbaren Kleinigkeiten auf. Als noch Salz hinzukam, war eine schmackhafte

Suppe bereitet, die das ganze Dorf wie zu einem Fest zusammenführte.

Herr, du sagst nicht: „Ihr sollt das Salz der Erde sein“, sondern: „Ihr seid *das Salz der Erde.“ Wie viel Vertrauen spricht daraus! Ich darf es nicht enttäuschen.*

3 **Der Herr antwortete dem, der sein Talent vergraben hatte: Du bist ein schlechter und fauler Diener.** (Mt 25,26)

Kritisieren ist leicht. Zielscheiben sind in erster Linie Gruppierungen oder Personen, die in der Öffentlichkeit herausragende Positionen einnehmen. Um nicht ständiger Kritik ausgesetzt zu sein, lehnen leider bei Wahlen manche geeignete Persönlichkeiten eine Kandidatur dankend ab. Das kann böse Folgen haben. Davon erzählt die Fabel vom König der Bäume im Alten/Ersten Testament (Ri 9,8–15):
Kein geeigneter Baum will sich zum König wählen lassen, weil es einsam macht, „über den Bäumen zu schwanken“. So lehnen Öl- und Feigenbaum, auch der Weinstock dankend ab. Was nun? Schließlich gehen die Bäume zum Dornstrauch und bieten ihm die Würde an. Der traut zunächst seinen Ohren nicht, sagt dann aber zu und befiehlt: „Dann setzt euch gefälligst in meinen Schatten (haha!), sonst geht von mir Feuer aus!“ Jetzt haben sie einen König, aber der ist ganz anders, als sie sich ihn vorgestellt hatten.

Herr, ich weiß, wie wichtig es ist, auch im öffentlichen Leben Verantwortung zu übernehmen. Doch ich fürchte Überforderung und böswillige Kritik. Stärke mein Selbstvertrauen, so dass ich Grenzen setzen und mich wehren kann.

4 **Seid alle einmütig, und duldet keine Spaltungen bei euch; seid vielmehr eines Sinnes und einer Meinung.** (1 Kor 1,10)

Manchen fällt es schwer, in europäischen Dimensionen zu denken, wo doch manchmal schon das friedliche Zusammenleben in einer Dorfgemeinschaft oder Nachbarschaft problematisch ist. Aber eine gute Zukunft haben wir nur gemeinsam oder gar nicht.

Es ist wie mit der Stadt, der gesagt wurde: Wenn sich der „Paradiesvogel“ zeigt und ihr ihn einfangen könnt, dann ist euch für die Zukunft das Glück sicher.
Tatsächlich ließ sich der Paradiesvogel eines Tages auf der Spitze eines Baumes der Stadt nieder. Erfreut bildeten die Einwohner schnell eine lebendige Leiter, um den Glücksbringer zu ergreifen. Doch bevor der Letzte sich nach oben gearbeitet hatte, versagten dem Untersten die Kräfte, und alle purzelten übereinander. Der Vogel aber flog davon.

Herr, ich möchte meine Kräfte in ein gutes gemeinsames Ziel einbringen.
Stütze mich mit deinem Rückenwind, damit es kein „Strohfeuer“ wird.

Jesus warf sich zu Boden und betete: Mein Vater, wenn es möglich ist, gehe dieser Kelch an mir vorüber. Doch nicht wie ich will, sondern wie du willst. (Mt 26,39) 5

Hat nicht manches Lottoglück dem Gewinner später Unglück gebracht? Und erwies sich vordergründiges Unglück nicht zuletzt manchmal doch als Glücksfall?
Dies erfuhr ein Landwirt, dem ein Pferd davonlief. Alle Nachbarn bedauerten sein Unglück. Nach einer Woche kam das Pferd zurück und brachte zehn Wildpferde mit. Jetzt gratulierten ihm alle zu seinem Glück. Er aber sagte immer: „Woher wisst ihr, ob es Unglück oder Glück ist?“
Dann brach sich der Sohn ein Bein beim Versuch, ein wildes Pferd zu reiten. Jetzt war es wieder Unglück. Als aber kurz darauf Krieg ausbrach, wurden alle jungen Männer des Ortes zum Wehrdienst einberufen – außer dem Sohn des Landwirtes mit dem gebrochenen Bein.

Herr, ich will versuchen, im Unglück nicht zu verzweifeln, sondern vertrauensvoll darauf zu hoffen, dass du alles zum Guten wenden kannst.

6 **In ihm – Jesus – war das Leben, und das Leben war das Licht für die Menschen.** (Joh 1,4)

Auch nach fast 2000 Jahren empfinden Menschen die Worte des Evangeliums als Offenbarung, die Sinn stiftet.
Ein Religionslehrer bat die jungen Leute der Oberstufe eines Gymnasiums, den für sie schönsten Satz aus dem dritten Kapitel des Johannesevangeliums herauszufinden. Von 22 Schülern wählten fünfzehn den gleichen Satz aus, Vers 16: „Gott hat die Welt so sehr geliebt, dass er seinen einzigen Sohn hingab, damit jeder, der an ihn glaubt, nicht zugrunde geht, sondern das ewige Leben hat!" (nach Reinhard Abeln)

Herr, schenke mir deinen Geist, damit sich mir deine frohe Botschaft mehr und mehr erschließt.

7 **Muss ich auch wandern in finsterem Tal, ich fürchte kein Unglück; denn du bist bei mir, dein Stock und dein Stab trösten mich.** (Ps 23,4)

Wir brauchen in den „Kurven" des Lebens etwas, an dem wir uns festhalten können.
Zwei Mädchen stiegen in eine überfüllte Straßenbahn ein; eins trug ein christliches Abzeichen. „Mit dem Quatsch bin ich fertig", spottete ein Mann und deutete auf das Zeichen, „man muss den Halt in sich selbst haben!" „Das können Sie ja gleich ausprobieren", konterte das andere Mädchen, „in der nächsten Kurve halten Sie sich an Ihrer Krawatte fest!" (nach Rolf Sättler)

Herr, ohne den Glauben an dich bin ich haltlos, ziellos, ist mein Leben sinnlos. Sei du meine feste Burg, mein sicherer Stab.

8 **Betet füreinander, damit ihr geheiligt werdet.** (Jak 5,16)

Gemeinschaft macht stark. Auch ein Einzelkämpfer kann in großer Bedrängnis Kräfte schöpfen aus dem Zusammenhalt und den Zielen einer („Kampf"-)Gemeinschaft, der er angehört. Das wissen wir aus der Korrespondenz vieler Gefangener.

Bevor die katholische Studentenführerin die verhängte Strafe im Gefängnis eines kommunistischen Staates antreten musste, holte sie noch einmal ihre Mitstudentinnen zusammen. Als Symbol ihrer festen Gemeinschaft zerteilte sie ihren Rosenkranz und gab jeder eine Perle; sie selbst behielt das Kreuz. Sie sollten sich in schwerer Zeit im Gebet verbunden fühlen.
Aber die Schikanen und die Folter wurden zu hart. Sie sagte sich vom Glauben los. Da knüpften die Mitstudentinnen an einem geheimen Ort den Rosenkranz wieder zusammen und schmuggelten ihn ihr zu. – Nach langem Ringen bekannte sie sich neu zum Glauben.

Herr, ich glaube an die Macht des Gebetes, die sich in Gemeinschaft vervielfältigt.

Lasst euch als lebendige Steine zu einem geistigen Haus aufbauen! (1 Petr 2,5) 9

Sagen wir nicht manchmal von einem anderen Menschen: „Der hat doch eine Ecke ab!"? Wie kommen wir mit einem solchen Menschen zurecht?
Wir könnten auf Michelangelo, den großen Maler und Bildhauer († 1564), blicken: Der fand einen Marmorblock, den ein wenig talentierter Bildhauer verpfuscht hatte und der jetzt sinnlos herumlag. Er schätzte, nahm Maß, überlegte und meißelte dann eine der großartigsten Plastiken der Welt daraus – den David –, der gelassen und gelöst zum Kampf gegen Goliat ausschreitet, die Schleuder auf der Schulter und die Kieselsteine in der Hand.
So wie Michelangelo den scheinbar unbrauchbaren Marmorblock zum „Leben" erweckte, so könnte an manchem Stein die „fehlende Ecke" mit dem „Mörtel der Liebe" ausgeglichen werden, sodass er für das Bauwerk einer Gemeinschaft nicht ausgeschlossen wird.

Herr, schenke mir die Gabe, zum gedeihlichen Miteinander beizutragen, indem ich Unzulänglichkeiten meiner Mitmenschen „übersehe", überspiele oder geduldig ertrage.

10 **Preist den Herrn, all ihr Werke des Herrn; lobt und rühmt ihn in Ewigkeit!** (Dan 3,57)

Der Grund für die Umweltverschmutzung fängt *in uns* an: in der Vergiftung unseres Geistes und der Verwüstung unserer Seele.
Der Menschenkenner Phil Bosmans schreibt mit indianischer Weisheit dazu: „Jeder Anschlag auf die Natur ist ein Anschlag auf den Menschen selbst ... Was heute mit Tieren geschieht, kann morgen auch mit Menschen geschehen ... Wer das natürliche Gleichgewicht auf unserer Erde zerstört, macht aus unserem wunderbaren Wohnplatz eine dürre Wüste."
Ja, Menschen, Tiere und Pflanzen atmen dieselbe Luft, empfangen Leben von der einen Sonne; wir haben einen Schöpfer, der alle liebt.

Herr, lass mich das Kleid deiner Herrlichkeit, die Schöpfung, als heilig und unantastbar verteidigen!

11 **Herr, wie zahlreich sind deine Werke! Du hat sie alle mit Weisheit geschaffen. Lobe den Herrn, meine Seele.** (Ps 104,24.35)

Es ist ein guter Brauch geworden, die Patenschaft über einen jungen Baum zu übernehmen, den die Stadt gepflanzt hat. So sehen wir vielleicht manchmal einen Nachbarn oder Bekannten einen dieser „öffentlichen" Bäume begießen.
„Tja", meinte neulich einer, als ich mich lobend darüber äußerte, „die Bäume sind ja schließlich auch von meinem Geld mitbezahlt!"

Herr, ich will einen kleinen Beitrag zum verantwortungsvollen Umgang mit der Schöpfung leisten und bei dem „städtischen" Baum vor meiner Haustür anfangen.

Seid untereinander in geschwisterlicher Liebe zugetan. (Röm 12,10) 12

Die Natur hält Beispiele von sozialem Verhalten in der Tierwelt bereit, die uns staunen lassen:
So können die Königspinguine die grimmige Kälte am Südpol nur gemeinsam überstehen: Sie bilden einen Kreis, in dessen Mitte sich die Jungtiere und Weibchen stellen. Außen stehen, mit dem Gesicht nach innen, die Männchen und wandern langsam im Kreise, damit jeder einmal der Sturmseite ausgesetzt ist, sich dann aber wieder im Windschatten erholen kann. (nach Franz Neumair)

Herr, das Glück der Menschen ist ein Mosaik aus winzig kleinen Teilen. Ich will ein wenig zum Glück meiner Mitmenschen beitragen.

Gott sprach zu den ersten Menschen: Macht euch die Erde untertan und herrscht über die Fische im Meer und über die Vögel des Himmels, über das Vieh und über alle Tiere, die sich auf der Erde regen. (Gen 1,28) 13

Wenn Indianer in die Wälder gingen, um Zedernrinde zum Körbeflechten zu holen, dann entschuldigten sie sich vorher bei dem Baum. Sie betrachteten ihn nämlich als einen Freund, dem sie sich auch weiterhin verbunden fühlen wollten.
Ähnlich empfand eine Cherokee-Indianerin, die ein Tier erlegt hatte: „Es tut mir Leid, dass ich dich töten musste, kleiner Bruder", sagte sie, „aber ich brauche dein Fleisch, denn meine Kinder hungern. Vergib mir, kleiner Bruder! Ich will deinen Mut, deine Kraft und Schönheit ehren – sieh her: Ich hänge dein Geweih an diesen Baum; jedes Mal, wenn ich vorbeikomme, werde ich an dich denken und deinem Geist Ehre erweisen." (nach Käthe Recheis/Georg Bydlinski)

Herr, ich will alle Lebewesen als Mitgeschöpfe achten und ihnen nicht willkürlich Schaden zufügen.

14 **Gott sah alles an, was er gemacht hatte, und siehe, es war sehr gut.** (Gen 1,31)

Am seidenen Faden hängt das Wohl unserer Erde: Wir plündern sie wie selbstverständlich immer noch aus, die Müllhalden wachsen, und in dem Maße wie Luft, Wasser und Erde verschmutzen, wächst die Ungerechtigkeit.
Der Auftrag Gottes „Macht euch die Erde untertan“ heißt richtig übersetzt: Verwaltet sie *verantwortlich* Gott gegenüber, der sie uns schenkte und dem sie gehört. Wir spüren ja bereits, welcher Bumerang zurückkommt, wenn wir nur weiter ausbeuten.
Eine Rettung ist nur möglich über Rüstungsstopp, über Entgiftung der Äcker, Flüsse und Meere, den Kampf gegen Hungersnöte, Unterdrückung und Rassenhass. Vielleicht lernen wir am siebten Tag auch wieder zu ruhen, damit Gott mitten unter uns spürbarer einen Platz hat. (nach Peter Frowein)

Dankt dem Herrn! Singt ihm und spielt ihm, sinnt nach über all seine Wunder! (Ps 105,1f). Herr, rüttle auch mich auf, damit ich helfe, die Reste deiner herrlichen Schöpfung zu bewahren.

15 **Herr, mein Gott, wie groß bist du! Du bist mit Hoheit und Pracht bekleidet. Herr, wie zahlreich sind deine Werke!** (Ps 104,1.24)

Es ist fünf vor zwölf in unserer schönen Welt. Das sagt nicht nur „Greenpeace“. Trotzdem verhalten wir uns oft so, als hätten wir noch eine zweite im Kofferraum. Geht es nicht zu wie in diesem Gleichnis?:
Ein Vater schenkte seinen Kindern und Enkeln einen wunderschönen „Teppich“, den er mit viel Geduld und Weisheit selbst angefertigt hatte. Zu seiner außerordentlichen Vollkommenheit strahlte er auch noch Wärme und Geborgenheit aus.
Zunächst gingen alle dankbar und sorgsam damit um; aber dann beanspruchten einige große Teile des Teppichs nur für sich; andere versuchten, Fäden aufzudröseln und neu zu verweben; wieder andere schnitten ganze Stücke heraus, einige ließen einfach Unrat auf ihm liegen. – Schließlich zeigte der Teppich deutliche Spuren

der Zerstörung, und manche saßen nur noch auf einem abgeschabten, fleckigen, ausgefransten Lappen.

Herr, hilf uns, deinen zauberhaften Teppich der Natur vor der endgültigen Zerstörung zu bewahren.

16

Ihr habt gesehen, wie ich euch auf Adlerflügeln getragen habe. (Ex 19,4)

Irgendwann im Leben werden wir aus dem Nest gestoßen und drohen ins Bodenlose zu stürzen. Warum soll uns nicht treffen, was viele Menschen bereits erfahren haben?
Wenn die Adlerjungen hoch oben im Felsen flügge geworden sind, werden sie von ihren Eltern aus dem Nest gestoßen und flattern eine Zeit lang ängstlich mit den Flügeln; dann stürzen sie ab. Im gleichen Augenblick stoßen die Adler-Eltern in die Tiefe und fangen die Jungen mit ihren Flügeln auf. Sie tragen sie wieder höher und ermöglichen ihnen einen neuen Flugversuch – bis die Jungen nach ein paar Tagen stark genug sind, selbst zu fliegen.

Herr, wie oft hast du mich „auf Adelers Fittichen sicher geführet". Manchmal habe ich erst im Nachhinein wahrgenommen, wie nahe du mir dann gewesen bist.

17

Gott beschirmt dich mit seinen Flügeln, unter seinen Schwingen findest du Zuflucht. (Ps 91,4)

Bei Höhenunterschieden ab 50 Meter muss ein Gleitsegelpilot einen Fallschirm mit sich tragen, „the second chance", die „zweite Chance", wie sie von einer Firma genannt wird. Im Falle des Absturzes muss der Pilot diesen Fallschirm weit zur Seite schleudern, damit er sich öffnen kann und sich nicht in dem herabstürzenden Gleitsegel verheddert.
Bei Gott habe ich immer eine „second chance", weil er seine Geschöpfe liebt und nicht als Rächer auftritt.

Herr, ich danke dir für alle, die mir Geborgenheit schenken und Halt geben, wenn ich abzustürzen drohe.

18 **Denn so sehr hat Gott die Welt geliebt, dass er seinen einzigen Sohn hingab, damit jeder, der an ihn glaubt, nicht verloren geht, sondern ewiges Leben habe.** (Joh 3,16)

Ein Haus stand lichterloh in Flammen, darum verwehrten mutige Nachbarn den Eltern, die noch ihren Fünfjährigen vermissten, den Zugang. Da öffnete sich oben ein Fenster. Das Kind, das nur Rauch und Flammen sah, schrie um Hilfe. Der Vater rief ihm zu: „Spring, ich fange dich auf!“ „Vater, ich sehe dich nicht!“ „Aber ich sehe dich, und das genügt, spring!“ Und das Kind springt und findet sich heil und gesund in den Armen des Vaters wieder. (nach Léon-Joseph Suenens)
Die Vorstellung, dass es ein Sprungtuch gibt unter uns, in dem Gott uns auffängt, könnte uns die Angst nehmen, denn Gott lässt uns nicht fallen. Wir springen immer in seine Arme. Das lässt uns manches mutiger wagen.

Herr, wenn ich am Ende meines Lebensweges angelangt bin, nimm mich in deine Arme!

19 **Wisst ihr nicht, dass die Läufer im Stadion zwar alle laufen, aber dass nur einer den Siegespreis gewinnt? Lauft so, dass ihr ihn gewinnt.** (1 Kor 9,24)

Beim Marathonlauf zeigt eine blaue Linie den optimalen Streckenverlauf durch die Labyrinthe der Großstadtstraßen an.
Ein großartiges Bild für das, was Jesus gesagt hat: Ich bin *der* Weg. Er ist die Ideallinie im Labyrinth des Lebens. Wer sich an ihm orientiert und ihm vertraut, kommt sicher ans Ziel.

Herr, bewahre mich vor Irrwegen und Umwegen. Sei du mir Wegweiser, Weg und Ziel.

20 **Die aber, die dem Herrn vertrauen, schöpfen neue Kraft; sie bekommen Flügel wie Adler.** (Jes 40,31)

Es ist ein herrliches Gefühl, am Paragleiter ins Tal zu schweben. Rund hundert Leinenfäden halten das Gleitsegel, um den Mutigen nicht in einer Art Korkenzieher-Bahn abstürzen zu lassen.

So braucht jeder Mensch eine Menge Beziehungsfäden, um vor einem Absturz im Leben bewahrt zu bleiben: die Geborgenheit einer Familie, die Ehrlichkeit und Treue einer Freundschaft oder Partnerschaft, viele andere Gemeinschaftsformen und nicht zuletzt die Fäden „nach oben“, zu den Gnadengaben Gottes.

Herr, du hältst deine Hände über und unter mir, darum fürchte ich kein Unheil, denn du bist bei mir.

21

Martha sagte zu Jesus: Herr, kümmert es dich nicht, dass meine Schwester (die den Worten Jesu zuhörte) die ganze Arbeit mir allein überlässt? Sag ihr doch, dass sie mir helfen soll! (Lk 10,40)

Seit Jahrhunderten leben die Benediktinermönche nach der Regel: Bete *und* arbeite! In der Arbeit kann ich Gott genauso nahe sein wie im vertrauensvollen Gebet. Aber Gebet ersetzt nicht die Arbeit und umgekehrt.
In einer Begebenheit wird diese Aussage überzeichnet: Zwei Kutscher fuhren ihre Karren im Schlamm fest. Der eine fiel auf die Knie und bat Gott intensiv, ihm zu helfen. Der andere versuchte derweil alles, den Karren wieder flottzukriegen: Er stemmte sich gegen die Kutsche, schob Holzscheite und Steine unter die Räder, schlug auf die Tiere ein und fluchte, was das Zeug hielt.
Da geschah das Wunder: Ein Engel stieg aus dem Himmel nieder und half dem – der arbeitete und fluchte. Auf den verdutzten Blick des anderen Kutschers sagte der Engel: „Ja, Gott hilft dem, der arbeitet!“

Herr, Beten und *Arbeiten sind wie die beiden starken Flügel, die den Adler tragen. Hätte er nur einen Flügel, so müsste er sein Dasein am Boden fristen.*

22

Jesus stieg auf einen Berg, um zu beten. Und er verharrte die Nacht hindurch im Gebet zu Gott. (Lk 6,12)

Keine Zeit für das Gebet und die Stille? Im Ernst? Wir nehmen uns doch sonst Zeit für alles, was wir für wichtig halten! „Ich habe

keine Zeit“ meint doch in Wirklichkeit: „Ich habe mich anders entschieden!“
Ein Mann, der Holz klein schlug und dabei Kraft und Zeit verschwendete, weil er mit einer stumpfen Axt arbeitete, meinte erschöpft, er habe keine Zeit, die Schneide zu schärfen. (nach Anthony de Mello)

Herr, zeige mir, an welcher Stelle ich mit stumpfer Axt Zeit und Kraft vergeude.

23 **Als Petrus sah, wie heftig der Wind war, fürchtete er sich, und er begann zu sinken. Er schrie: Herr, rette mich! Jesus streckte sofort die Hand aus, ergriff ihn und sagte zu ihm: Du Kleingläubiger, warum hast du gezweifelt?** (Mt 14,30f)

Die Entscheidung liegt bei mir, ob ich mich von Angst auffressen lasse oder der Hoffnung zuneige.
Der britische Dampfer „T“ funkte am 16. 11. 51 bei Borkum SOS. Er war im Sand festgefahren und gewaltige Brecher drohten ihn auseinander zu schlagen. Zu ihrer Rettung gab es für die Menschen an Bord nur die Möglichkeit, beherzt auf das Rettungsschiff zu springen, wenn es ganz nahe vorbeifuhr. Zwanzigmal fuhr das Rettungsschiff, dreizehn Menschen wurden gerettet. Zwei starben, weil sie den riskanten Sprung nicht gewagt hatten. (nach Rolf Sättler)

Glauben bedeutet auch Ungewissheit und Wagnis. Herr, ich will glauben. Hilf meinem Unglauben!

24 **Gott spricht: Wenn du durch Wasser gehst, bin ich bei dir; wenn durch Ströme, dann reißen sie dich nicht fort. Wenn du durchs Feuer schreitest, wirst du nicht brennen, keine Flamme wird dich versengen. Fürchte dich nicht, denn ich bin mit dir.** (Jes 43,2.5)

Auf dem Weg nach Auschwitz wurde eine Jüdin vor Angst fast irrsinnig. Sie entdeckte im überfüllten Waggon einen alten Rabbi und offenbarte sich ihm. Dieser legte seine Hand auf ihren Kopf und sagte: „Kennst du nicht das Geheimnis unseres Volkes? Wenn es keinen Weg um das Rote Meer herum gibt, dann führt er uns mitten hindurch. Darum leg deine Hand jetzt in Gottes Hand, und geh in das Wasser hinein; du wirst staunend erleben, dass es zurückweicht." Da wurde die Frau still und die Angst fiel von ihr ab. (nach Axel Kühner)

Herr, schenke mir Vertrauen – wie eine Oase im Herzen, die von der Karawane des Denkens nie erreicht wird. (nach Khalil Gibran)

25

Ihr habt gesehen, wie ich euch auf Adlerflügeln getragen habe. (Ex 19,4)

Es gibt originelle Gebete, die uns lehren, in das Gespräch mit Gott nicht nur erhabene Gedanken, sondern das Leben in seiner ganzen Fülle einzubringen.
So heißt es in einem Gebet aus der Ukraine:
Gott, schicke den Tyrannen Läuse, den Einsamen liebe Hunde, den Kindern bunte Schmetterlinge, den Frauen kostbare Nerze, den Männern Wildschweine – uns allen aber einen starken Adler, der uns auf seinen Fittichen zu dir trägt.

Herr, wie die Adler ihre Jungen auf ihren Schwingen ausruhen lassen, wenn diese bei ihren Flugversuchen ermüden, so lass meine Seele in mancher Unrast des Alltags bei dir Ruhe finden.

26

Jesus sagt: Ich aber sage euch: Liebt eure Feinde und betet für die, die euch verfolgen. (Mt 5,44)

Wenn ich für einen anderen Menschen bete, dann eröffnet sich mir die Chance, zuerst einmal *mich* dabei zu ändern. Denn ich sehe den anderen mit neuen Augen, wenn ich mich in ihn hineinfühle und mich frage, wonach er sich sehnt und was ihm gut tut. So verändert sich unser Miteinander, weil von mir ein positiveres Signal ausgeht.
Nur eine gedankenlose Bitte zu formulieren, womöglich Gott vorzuschreiben, was er ihm tun soll, lässt allerdings keine Begegnung zu. (nach Anselm Grün)

Herr, ich will auch für Menschen beten, die mich nicht mögen, damit ich ihnen unbefangener gegenübertreten kann.

27 **Jesus sagte ihnen, dass sie allezeit beten und darin nicht müde werden sollten.** (Lk 18,1)

Wer hat nicht schon festgestellt, wie wenig von all den Schulstunden, kulturellen Abenden oder Gottesdiensten bewusst im Gedächtnis zurückbleibt?
So zog jemand die Konsequenz und sagte dem Pfarrer im Vorübergehen: „Ich komme deshalb nicht mehr zur Kirche, weil ich von den Hunderten Predigten, die ich gehört habe, doch keine einzige mehr wiedergeben kann. Was soll's denn noch? Es bringt nichts!"
Dann kam doch noch ein fruchtbares Gespräch zu Stande, an dessen Ende der Geistliche dem Gesprächspartner einen schmutzigen Kartoffelkorb in die Hand drückte und ihn bat, nicht nur einmal, sondern dreimal am Brunnen damit Wasser zu schöpfen. Halb belustigt, halb unwillig vollzog der Mann das seltsame Begehren, bis der Pfarrer schließlich den Korb zurücknahm, ihn hochhielt und fragte: „Fällt Ihnen etwas auf?" Als der Mann ihn verständnislos anstarrte, meinte der Pfarrer: „Der Korb ist sauberer geworden. Das ist *ein* Sinn guter Predigten: Das Wort Gottes prägt unser Wesen, es kann uns reiner, abgeklärter und weiser machen. Wir verändern uns, auch wenn uns das nicht bewusst wird."

Herr, lass den „Korb" meiner Seele empfänglich bleiben.

28 **Er wird alle Tränen von ihren Augen abwischen.** (Offb 21,4)

Aus dem Abendgebet der „Kleinen Schwestern und Brüder":
Haben wir Blumen gegeben mit dem Brot?
Haben wir jenen genug Zeit geschenkt, die zu uns kamen?
Haben wir ihre Hoffnung beantwortet, wenn sie fragten?

Herr, lege mir das richtige Wort in den Mund, das die Brücke darstellt, über die Menschen zueinander finden.

Setzt eure Ehre darein, mit euren Händen zu arbeiten. (1 Thess 4,11) 29

Sieben Jahre arbeitete Goethe – bis ins 83. Lebensjahr – an der Fertigstellung des zweiten Teiles seiner Faust-Tragödie. Begonnen hatte er mit dem „Urfaust" im Alter von 24 Jahren. Im Januar 1832 beendete er das Werk, knapp acht Wochen später starb er. Glücklicher Zufall? Wahrscheinlicher ist, dass die Aufgabe, sein Werk zu vollenden, ihn so sehr faszinierte, dass sein Tod sich verzögerte.

Herr, schenke auch mir ungeahnte Kräfte, wenn große Aufgaben auf mich warten.

Jesus sagt: Wacht und betet, damit ihr nicht in Versuchung geratet. Der Geist zwar ist willig, das Fleisch aber ist schwach. (Mt 26,41) 30

Wer eine Fremdsprache erlernt hat, muss sie anwenden und lebendig halten. Wer rastet, der rostet.
Das bestätigte auch ein Konzertpianist: „Wenn ich einen Tag nicht übe, merke ich es. Wenn ich zwei Tage nicht übe, merken es meine Freunde. Wenn ich drei Tage nicht übe, merkt es das Publikum."
Mit dem Beten ist es ähnlich. Bischof Dibelius († 1967) schrieb: „Wenn ich einen Tag nicht bete, merkt es sicherlich Gott. Wenn ich zwei Tage nicht bete, spüre ich es selber. Wenn ich drei Tage nicht bete, spürt es die Umgebung."

Herr, ich will die Freundschaft mit dir nicht durch Nachlässigkeit und allmähliche Entfremdung aufs Spiel setzen – denn sie ist mein größter Reichtum.

JULI

1 **Jesus sagt zu den Jüngern: Kommt mit an einen abgelegenen Ort, wo wir allein sind, und ruht ein wenig aus.** (Mk 6,31)

Jeder Bogenschütze weiß, dass er den Bogen nach dem Wettkampf immer wieder entspannen muss, damit dessen Spannkraft erhalten bleibt.
So braucht auch der Mensch, der oft in zu viele Pflichten eingespannt ist, Phasen der Entspannung im Spiel, im Sport, in der Begegnung mit der Natur, im Gebet …, um für die große Anspannung in der täglichen Arbeit wieder alle Kräfte zur Verfügung zu haben.

Herr, ich will um Zeiten kämpfen, in denen meine Seele „baumeln" darf, damit ich meine Mitte nicht verliere.

2 **Herr, wie zahlreich sind deine Werke! Du hast sie alle in Weisheit geschaffen, die Erde ist voll von deinen Schöpfungstaten.** (Ps 104,24)

Khalil Gibran († 1931), der intensiv über die Geheimnisse des Lebens nachgedacht hat, schrieb einmal: „Der Mensch mit all seiner Klugheit kann nicht verstehen, was die Vögel sagen oder was der Bach vor sich hin murmelt oder was die Wellen flüstern, wenn sie langsam und sanft den Strand berühren. Der Mensch mit all seiner Klugheit kann nicht verstehen, was der Regen spricht, wenn er auf die Blätter in den Bäumen fällt oder wenn er aufs Fensterbrett tropft. Er weiß nicht, was der flüchtige Wind den Blüten zu erzählen hat. Aber das Herz des Menschen ist im Stande, die Bedeutung dieser Stimme zu fühlen und zu begreifen."

Herr, öffne mir Sinne und Herz, damit ich deine Geheimnisse erahne.

Jesus verharrte die ganze Nacht hindurch im Gebet zu Gott. (Lk 6,12) 3

Leben wir, um zu arbeiten, oder arbeiten wir, um zu leben? Von den Ausgrabungsarbeiten im Geröll einer alten Inka-Stadt waren die Schuhe eines Forschers so zerfetzt, dass er wohl oder übel einen Schuster suchen musste. Aber der ließ, gemütlich vor seiner Hütte in die Sonne blinzelnd, zuerst von seiner Frau nachsehen, wie viel Geld noch in seinem Vorratstopf war, und sagte dann bedauernd: „Kommen Sie bitte in vierzehn Tagen noch einmal wieder. Sie werden verstehen, dass wir jetzt nicht arbeiten, wenn wir noch genug Geld haben." (nach Walter Lehmann)
So geht es natürlich nicht in unserer teuren und kompliziert gewordenen Welt, aber diese völlig andere Lebensweise darf unsere hektische Betriebsamkeit einen Augenblick in Frage stellen.

Herr, ich muss mir genügend Zeit für die Seele nehmen, damit ich meine „Mitte" nicht verliere.

Jesus stieg auf einen Berg, um in der Einsamkeit zu beten. Und als es Abend geworden, war er allein dort. (Mt 14,23) 4

Die Spirale des „immer mehr" reißt viele Menschen in den Industrienationen in einen gefährlichen Strudel.
So regt sich ein Tourist über einen Fischer auf, der nach mühseliger Nachtarbeit seinen Fang auf den Markt gebracht hat und jetzt zufrieden dasitzt und über das Meer schaut: „Nehmen Sie doch einen Kredit auf, schaffen Sie sich ein Motorboot an, das brächte das Doppelte und genug Gewinn für einen zweiten Mann, schließlich für einen festen Stand auf dem Markt, Angestellte, ein Fischrestaurant, vielleicht eine Fischfabrik …!" Die Augen des Touristen leuchten. „Und dann?", unterbricht der Fischer. „Dann brauchen Sie gar nichts mehr zu tun; Sie können den ganzen Tag hier sitzen und zufrieden auf das Meer hinausschauen!" – „Aber das tue ich doch schon jetzt!", antwortet der Fischer. (nach Heinrich Böll)

Herr, am siebten Tag hast du geruht. So ist auch die Ruhe ein Werk deiner Schöpfung, das ich nicht missachten darf.

5 **Jesus sagt: Wer in mir bleibt und ich in ihm, der trägt viel Frucht; denn getrennt von mir könnt ihr nichts tun.** (Joh 15,5)

Wer das Blatt eines Baumes aufmerksam betrachtet, lernt das Staunen: Auf seiner Rückseite sieht man das dichte, sinnvolle Adernetz, durch das das Blatt bis in die Spitzen mit Nahrung versorgt wird. Das Blatt braucht Stamm und Äste, um leben zu können, umgekehrt brauchen Stamm und Äste das Blatt. In einem geheimnisvollen Umwandlungsprozess nimmt das Blatt „verbrauchte Luft" (Kohlenstoff) auf und setzt Sauerstoff frei – so entsteht für uns Menschen reine Atemluft.
Jesus, du bist der Weinstock, wir sind die Reben (Joh 15,5). Wir brauchen dich. Und du brauchst uns heute in der Welt, damit deine Gute Nachricht alle Menschen erreicht.

Herr, ich will Sauerstoff sein für andere, eine gute Atmosphäre verbreiten, damit Mitmenschen sich in meiner Nähe wohl fühlen.

6 **Singt dem Herrn, alle Lande, verkündet sein Heil von Tag zu Tag! Es jauchze die Flur und was auf ihr wächst. Jubeln sollen alle Bäume des Waldes.** (Ps 96,1f.12)

Beim Spazieren im Wald werde ich mir dankbar dieses Geschenkes der Natur bewusst:
Der Wald legt sich wohltuend grün über Berge und Hügel, sichert steile Hänge, speichert den Segen der Wolken, wehrt den Winden, schirmt vor versengender Glut oder verweigert schneidender Kälte den tödlichen Zugriff. Er schenkt dem Wanderer einen klaren Kopf, eine ruhige Seele, ein ausgewogenes Herz und neue Energien. Und überall können wir einen Hinweis auf den Schöpfer finden: Alles strebt nach dem Licht.

Danke, Herr, für dein Geschenk des Waldes.

Ich will dem Herrn singen mein Leben lang, will meinem Gott spielen, solange ich bin. (Ps 104,33) 7

Weniger ist manchmal mehr. Wer sich in einem Museum nur wenige ausgewählte Werke gründlich anschaut, hat mehr gesehen als der, welcher betrachtend an allen Exponaten vorbeigegangen ist. Einmal besuchte ein Kunstkenner einen japanischen Kunsthändler, der ihm ein herrliches Kakemono (ein auf Seide gemaltes Rollbild) zeigte. Beeindruckt vertiefte sich der Besucher in das Kunstwerk, wurde aber schließlich unruhig, weil er noch andere zu sehen hoffte. Der Händler bemerkte das und fragte: „Sind Sie denn tatsächlich in der Lage, nach diesem Erlebnis noch weitere Kunstwerke zu betrachten?“ (nach Wladimir Lindenberg)

Herr, manchmal möchte auch ich zum Augenblick sagen: „Verweile doch, du bist so schön!“ (Faust). Gib mir Gelassenheit, dass ich nicht ängstlich besorgt bin, etwas Wichtiges zu verpassen.

Es gibt eine Zeit zum Schweigen und eine Zeit zum Reden. (Koh 3,7) 8

Worauf wir zu achten gewohnt sind, dafür haben wir „Antennen“ entwickelt. Für anderes kann unser Wahrnehmungsvermögen verkümmern.
Mitten im Lärm einer Großstadt tippte ein Indianer seinem weißen Freund auf die Schulter: „Hörst du? Da zirpt eine Grille!“ „Unmöglich!“ Der Freund schüttelte den Kopf: „Bei dem Großstadtlärm willst du eine Grille hören!?“ Aber der Indianer schob an einer Hauswand die Blätter des wilden Weines auseinander und – da saß sie. „Nun sag nicht, wir Indianer hätten ein besseres Gehör!“ Und er warf ein 50-Cent-Stück auf den Bürgersteig. Sofort drehten sich einige Passanten nach dem klimpernden Geldstück um; dabei war sein Klang nicht lauter als das Zirpen der Grille. (nach Frederik Hetmann)

Herr, die Flut der Geräusche, die mich tagein, tagaus umspült, macht meine Ohren taub für die leisen Stimmen der Natur. Lass nicht zu, dass die „Ohren“ meines Herzens taub werden für deine leise Stimme.

9 **Ich will dem Herrn singen, mein Leben lang, will meinem Gott spielen, solange ich bin. Lobe den Herrn, meine Seele!** (Ps 104,33.35)

Wer im Urlaub Stunde um Stunde allein am Strand entlanggeht und dabei alle Sinne geöffnet hält, kehrt reich beschenkt aus der Natur zurück.
Wer stundenlang als Bergwanderer für Höhen, Blumen und Weite die Seele öffnet, fühlt sich Gott ganz nahe.
„Die Wahrheit bevorzugt die Stille, um ihre Botschaft liebenden Seelen mitzuteilen", sagte einmal Khalil Gibran († 1931) dazu.

Danke, Herr, für deine spürbare Nähe in der Schöpfung.

10 **Preist den Herrn, ihr Berge und Hügel, lobt und rühmt ihn in Ewigkeit!** (Dan 3,75)

Wer sich selbst ein sehr intensives Urlaubsvergnügen bereiten will, muss früh aufstehen: Die Sichel des Mondes genügt, den Weg auszuleuchten. Die Leuchtkraft des Morgenrotes gewinnt schließlich überhand. Wenn die rosa Sonnenstrahlen von den Gletschern langsam niedergleiten und schließlich den Wanderer erreichen oder wenn die aufgehende Sonne ihr gleißendes Licht über den noch (fast) menschenleeren Strand wirft, wenn sich auf dem Berggipfel ein unbeschreibliches Bergpanorama auftut, dann erfüllt ein überwältigendes Gefühl die Seele: Es lädt zum Lob und Dank an den Schöpfer dieser Welt ein.
Auf dem Gipfelkreuz der Kreuzspitze (3457 m) in Tirol steht: So sehr hat Gott die Welt geliebt, dass er seinen einzigen Sohn gab, damit jeder, der an ihn glaubt, nicht verloren geht, sondern ewiges Leben hat (Joh 3,16).

Herr, die Erinnerung an unvergessliche Erlebnisse ist Rückenwind für meinen Alltag. Sei gelobt für alle deine Werke.

Herr, wie zahlreich sind deine Werke! Du hast sie alle in Weisheit geschaffen, die Erde ist voll von deinen Schöpfungstaten. Da ist das Meer, so groß und weit, darin wimmelt es ohne Zahl: kleine Tiere und große. (Ps 104,24f) 11

Jede Muschel, die wir am Strand aufheben, ist ein kleines Wunder der Natur.
Die offene Hälfte in der Hand zeigt mir, wie empfangsbereit meine Seele sein müsste für das Wort und die Liebe Gottes.
Zur lebendigen Muschel gehört auch noch eine zweite Hälfte, die das gefährdete Innere schützt: So braucht jeder Mensch einen Partner oder eine Gemeinschaft, um Geborgenheit zu erfahren und zu schenken. Jede „Selbstverwirklichung" muss sich auch am anderen orientieren. So nur bleiben Vertrauen und Liebe erhalten.
Wenn etwas Kostbares, eine Perle, in den beiden Schalen heranreift, braucht es den Schutz beider Hälften, damit es nicht beschädigt oder zerstört wird.

Danke, Herr, für die Wunderwerke der Schöpfung, die uns Sinnbild sein können für ein gedeihliches Miteinander.

Alles, was ihr in Worten und Werken tut, das tut im Namen Jesu, des Herrn. Durch ihn dankt Gott, dem Vater. (Kol 3,17) 12

Der Chordirigent nimmt die Stimmgabel und schlägt sie kurz an; dadurch erzeugen die beiden Metallstäbe durch Schwingungen einen bestimmten Ton. Diesen gibt er dem Chor vor, damit die verschiedenen Stimmen miteinander harmonieren.
Auch Gott hat der ganzen Schöpfung, Tieren und Menschen, eine „Grundmelodie" vorgegeben, die alles in Harmonie brächte, wenn wir *seinen* Ton wirklich aufnähmen. Diese „Grundmelodie" kann umschrieben werden mit Liebe, Vertrauen, Schönheit, Gerechtigkeit, Frieden, Freiheit … Weil unsere Welt so laut geworden ist, weil das Reden der Menschen oft nicht mit dem Handeln übereinstimmt, fällt es schwer, die Grundmelodie unter den Disharmonien herauszuhören. (nach Martin Auffarth)

Herr, ich will mich in meinem Lebensbereich um ein harmonisches Miteinander bemühen.

13

Lobet den Herrn, all seine Werke, an allen Orten seiner Herrschaft! Lobe den Herrn, meine Seele! (Ps 103,22)

Das stille unscheinbare Gänseblümchen übt auf mich mit seiner Widerstandskraft eine große Faszination aus:
Im Frühjahr blüht es mit den allerersten Blumen, im Herbst bis in den Schnee hinein. Kaum ist der Rasen gemäht, lachen schon wieder die ersten Blüten in den Himmel. Wie freundlich schmückt es das Grün des Rasens mit tausend Sternenaugen.

Danke, Herr, die Gänseblümchen sind ein Sinnbild deiner Menschenfreundlichkeit. Und sie sind ein Bild dafür, dass auch der bescheidene Mensch die Welt an der Stelle positiv verändern kann, an der er steht.

14

Seid untereinander eines Sinnes. Seid allen Menschen gegenüber auf das Gute bedacht! (Röm 12,16f)

Vor einem Bienenvolk müssten wir eigentlich stehen bleiben und den Hut ziehen. Nicht nur wegen seines Fleißes: denn *eine* Biene muss für drei Pfund Nektar, der ungefähr ein Pfund Honig ergibt, fast dreimal um die Erde fliegen (120 000 Flugkilometer!) – nein, sie ist auch ein „soziales" Insekt: Wenn sie einen Futterplatz entdeckt, z.B. einen blühenden Baum – in der Imkersprache heißt das eine „Trachtquelle" –, dann behält sie das nicht für sich; sie beginnt auf der Wabe einen Rundtanz, der jeder anderen Biene genau anzeigt, wo die Nahrungsquelle zu finden ist!

Herr, schenke uns im „Bienenkorb der Welt" die Einsicht, dass wir nur gemeinsam überleben können.

Jesus sagt: Betrachtet die Lilien des Feldes, wie sie wachsen! Sie arbeiten nicht und spinnen nicht. Aber ich sage euch: Auch Salomo war in all seiner Pracht nicht gekleidet wie eine von ihnen. (Mt 6,28f) 15

Ein Mönch aus Nebraska schrieb am Ende seines Lebens: „Könnte ich nochmals leben, würde ich versuchen, mir mehr Fehler zuzugestehen, mehr zu verreisen und ein bisschen verrückter zu sein. Ich würde mehr Berge erklimmen, mehr Flüsse durchschwimmen und mir mehr Sonnenuntergänge anschauen. Vor allem würde ich immer nur in der Gegenwart leben und nicht in der Zukunft. Ich gehörte dann zu denen, die mit weniger Gepäck reisen – ohne Thermometer, Aspirin und Fallschirm. Glaubt mir: Ich würde mehr Gänseblümchen anschauen."

Eine Raupe sprach zu sich selbst: „Was man ist, das ist man. Niemand kann aus seiner Haut. Was zählt, ist das Faktische; alles andere ist Träumerei." In diesem Augenblick flog neben ihr ein Schmetterling auf. – Herr, schenke mir Flügel, die mich wagen lassen.

Der geduldige Ijob betete: Der Herr hat gegeben, der Herr hat genommen; gelobt sei der Name des Herrn! (Ijob 1,21) 16

Wer an einem Ostseestrand Glück hat, findet ein Stück Bernstein. 35 Millionen Jahre alt! Wem das Glück noch mehr schlägt, hebt ein Stückchen mit dem Einschluss eines Insektes auf, das vom tropfenden Harz überrascht wurde. Richtig zu erkennen ist der Einschluss erst, wenn der Bernstein „klar gekocht" ist, also alle Verkrustungen in heißem Öl gelöst wurden. Um ihn zu einem Schmuckstück zu machen, muss er noch in einer „Läuterungstrommel" poliert werden; er wird wochenlang gedreht, gerüttelt und an anderen Bernsteinstücken gerieben, damit er glänzender wird. Dann erst wird der Bernstein zum Schmuckstück geschliffen. Vom Roh-Bernstein bis zum Schmuckstück – das ist ein langer Weg! Auch uns Menschen bleiben lange Wege nicht erspart, bis wir „reif" sind. Prüfungen und Krankheiten lösen manche Verkrustungen der Seele; der Positiv-Stress macht uns stark, „Schicksalsschläge" haben oft eine läuternde Wirkung. Wer weiß, was alles seinen Anteil daran hat, dass wir lieben, leiden, verzeihen und ertragen können, um schließlich als Schmuckstück zu erfreuen.

Herr, hilf mir, den „letzten Schliff" zuzulassen und beten zu können: „Dein Wille geschehe".

17 **Jesus sagt: Wenn euer Glaube auch nur so groß ist wie ein Senfkorn, dann werdet ihr zu diesem Berg sprechen: Hebe dich weg von hier dorthin!, und er wird sich hinwegheben. Und nichts wird euch unmöglich sein.** (Mt 17,20)

Ein Bergkristall ist etwas zum Staunen: Jahrein, jahraus fließen die Regen-, Schmelz- und Quellwasser über den Kristall. Er zieht aber nur die Salze heraus, die er zum Wachsen braucht und bleibt dabei oft glasklar.
Das wäre doch etwas!: Aus all dem, was uns im Alltag überspült und auf uns herabtropft, immer nur das herausziehen, was uns innerlich wachsen lässt.

Kristall ist härter als Stahl. Herr, schenke mir ein Rückgrat und einen Glauben, die durch nichts aufzuweichen sind.

18 **Als Jesus weiterging, sah er an der Zollstätte einen Mann sitzen, der hieß Matthäus, und er sagte zu ihm: Folge mir nach! Da stand Matthäus auf und folgte ihm.** (Mt 9,9)

Der Winter hatte viel Schnee gebracht. Würde ich den Weg zur nächsten Berghütte wagen können? Werden noch genügend Markierungen zu sehen sein? Erwartungsvoll sah ich den Hüttenwirt an. Er musterte kurz meine Ausrüstung und nickte. Ich stapfte los, und als die Markierungen zunehmend unter der Schneedecke verschwanden, entdeckte ich zu meiner Freude: Einer hatte den Weg schon gefunden. Seine Spuren im Schnee zeigten mir die Richtung. Manchmal trat ich direkt in seine Fußstapfen.

Jesus, ich will versuchen, den Fußspuren deiner Worte und Taten zu folgen. Du allein bist der Weg.

Herr, wie zahlreich sind deine Werke. Du hast sie alle in Weisheit geschaffen. (Ps 104,24) 19

Es gibt Wunder in der Natur, die einen das Staunen lehren. Dazu zählt der Goldregenpfeifer, ein taubengroßer Vogel von ca. 130 Gramm:
Eine Art dieses Vogels brütet in Alaska, verbringt aber die Winterzeit in Hawaii: 4500 Kilometer Ozean sind dabei zu überwinden, und zwar im 88-Stunden-Non-Stop-Flug, da auf dieser Strecke keine Inseln liegen. Das Tier fliegt also ununterbrochen drei Tage und vier Nächte lang. Dafür frisst es sich zuvor mehr als die Hälfte des Körpergewichtes an und fliegt die ideale Fluggeschwindigkeit von 51 km/h, bei der die geringste Menge an Energie verbraucht wird. Da die Goldregenpfeifer in Keilform fliegen, sparen sie Energie. Weil die Eltern vorausgeflogen sind, fliegen die Jungtiere die Strecke beim ersten Mal allein, aber ihr einprogrammierter „Autopilot“ lässt sie mühelos den Kurs finden – nur eine winzige Abweichung würde genügen, das Ziel zu verfehlen.

Danke, Herr, für den phantasievollen Reichtum deiner Schöpfung.

Jesus sagt: Seht euch die Vögel des Himmels an und lernt von den Lilien, die auf dem Felde wachsen. (Mt 6,26.28) 20

Es gibt Schlüssel, mit denen man sich den „Himmel“ aufschließen kann. Das behauptet jedenfalls ein Märchen. Wie aber soll man unter den vielen „Himmelsschlüsseln“ (= Schlüsselblumen) auf Erden die richtigen herausfinden?
Ein Engel, der das Paradies bewachte, verriet es einem König: „Du findest sie, wenn du richtig handelst; dann blühen sie zu deinen Füßen auf!“ Lange suchte er. Er fand sie erst, als er ein Wildkraut vor dem Verdursten gerettet, einen kranken Wolf gesund gepflegt und ein verwahrlostes Kind in seinen Palast aufgenommen hatte. Daraufhin ließ der König alle Pflanzen und Tiere, alle Kinder und Armen zu seinen Brüdern und Schwestern erklären.
Das Märchen schließt: In dem Augenblick sah der König auf dem steilen Berge die Tore des Himmels weit, weit geöffnet!

Danke, Herr, für die Schöpfung, weil ich in ihr das „Kleid" deiner Herrlichkeit berühre.

21 **Wir wissen: Wenn unser irdisches Zelt abgebrochen wird, dann haben wir eine Wohnung, die Gott bereitet hat, ein nicht von Menschenhand errichtetes ewiges Haus im Himmel.** (2 Kor 5,1)

Zelten – kann hautnahe Erfahrung von Natur und Miteinander sein. Ein Zelt können wir schnell abbrechen und woanders wieder aufbauen und sind deshalb unterwegs sehr flexibel.
Unser ganzes Leben ist wie eine Wanderschaft. „Wir sind nur Gast auf Erden", heißt es in einem Kirchenlied.
Die Kirche will das Zelt Gottes unter den Menschen sein, beweglich wie das Zelt Gottes mit der Bundeslade, das die Israeliten auf dem Weg ins Verheißene Land mit sich führten. Sie will Zufluchtsort sein in der Hektik und Not der Zeit, an dem ich meine Gedanken ordnen, einen Teil meiner Sorgen abladen und meine Mitte wieder finden kann.

Herr, heute ist der erste Tag vom Rest meines Lebens. Ich will die Zeit nutzen, die mir noch bleibt.

22 **Jesus sagt: Kommt alle zu mir, die ihr mühselig und beladen seid. Ich will euch Ruhe geben.** (Mt 11,28)

Die gebräuchlichsten Dinge der Welt sind groß genug, um das Staunen und Danken zu lernen. Deshalb möchte ich mich heute bei einer Bank im Park bedanken:
Danke, dass du immer bereit bist, Platz anzubieten. Du nimmst jeden an, beachtest nicht Hautfarbe und Geldbeutel, verweigerst dich keinem Ganoven noch einem heiligmäßigen Menschen. Was bei dir gesprochen wird, verwahrst du schweigsam. Du urteilst nicht über das Gehörte, noch vergleichst du.
Ich könnte eine Menge von dir lernen. Ich wünsche dir, dass du immer wieder von Menschen besucht wirst, die hier ausruhen möchten.

Herr, wie gern wäre ich manchmal für einen Mitmenschen wie eine Oase, die zum Ausruhen und Kraft schöpfen einlädt.

Und Gott spricht: Meinen Bogen stelle ich in die Wolken. Balle ich Wolken über der Erde zusammen und zeigt sich der Bogen in den Wolken, dann will ich des Bundes gedenken, der besteht zwischen mir und euch und allen Lebewesen. (Gen 9,13–15) 23

Brücken verbinden Ufer miteinander oder überspannen Hindernisse. Es gibt viele Brücken, die Menschen im Stadtteil oder Dorf, aber auch in der weiten Welt zusammenbringen können.
Denken wir an den Brückenschlag durch die Musik, die in ihrer „Weltsprache" geheimnisvolle Tiefen im Menschen berührt; Brücken des Sports, die z.B. bei Olympischen Spielen zur Völkerverständigung beitragen. Freundlichkeit ist eine Brücke, die im Gedränge einer Großstadt manchen „Rempler" vergessen lässt. Hilfsbereitschaft baut Brücken wie damals die „Luftbrücke" nach Berlin. Gebet und Glauben sind Brücken, die ihre Bogen von der Erde bis ans Ufer der Ewigkeit schlagen.

Herr, ich will für meine Mitmenschen eine Brücke sein, die das Miteinander leichter macht.

Auf der Flur erscheinen die Blumen; die Zeit des Singens ist da. (Hld 2,12 – aus einem alten Frühlingslied) 24

Es gibt eine unscheinbare Pflanze am Wegesrand, die aufgrund ihrer ungeheuren Lebenskraft nicht kleinzukriegen ist, auch wenn sie überrollt oder zertreten wird: der Wegerich. Schon im 11. Jahrhundert wird er in einem angelsächsischen Heilssegen angesprochen: „Allen, die über dich ritten, knarrten und schnaubten, hast du widerstanden. So widerstehe auch allem Gift, Ansteckung und Übel, die über das Land dahinfahren."
Der Wegerich ist eine Heilpflanze, deren Kräfte besonders bei Husten (Keuchhusten), Bronchitis und Asthma helfen. Dabei ist

sie von so unauffälligem Äußeren, dass sie meist gar nicht wahrgenommen, geschweige denn geschätzt wird. (nach Lore Kufner)

Danke, Gott, für die kleinen Wunder am Wege!

25 **Seid einander in geschwisterlicher Liebe zugetan, übertrefft euch in gegenseitiger Achtung!** (Röm 12,10)

Heute kam eine Ansichtskarte an: Einer hat an mich gedacht! Und hat für mich am Kartenständer gestanden, um etwas besonders Schönes oder Reizvolles zu finden. Von den Kosten ganz abgesehen.
Eine kleine Brücke – so eine Karte: Ich war es dem Absender wert.

Herr, ich bin dankbar für kleine Zeichen der Zuneigung. Mit wie wenig Aufwand kann unser Alltag heller und wärmer gemacht werden!

26 **Preist den Herrn, ihr Sterne am Himmel. Preist den Herrn, all ihr Berge und Hügel. Preist den Herrn, ihr Meere und Flüsse. Lobt und rühmt ihn in Ewigkeit!** (Dan 3,63.75.78)

In einer Talsperre sammelt sich Wasser für dürre Zeiten, damit weder Menschen noch Tiere und Pflanzen Not leiden müssen und die Industrie weiter produzieren kann.
Auch schöne Ferienerlebnisse kann man in der Erinnerung speichern, um in Zeiten harter Arbeit davon zu zehren. An den Ferientagen selbst sollten wir in der Gegenwart leben und den Augenblick genießen.

Danke, Herr, für die schönen Stunden im Urlaub.

27 **Der Herr sprach zum 75-jährigen Abraham: Zieh weg aus deinem Land, von deiner Verwandtschaft und aus deinem Vaterhaus in das Land, das ich dir zeigen werde.** (Gen 12,1)

Wandern ist wieder „in“, auch das Wallfahren. Wandernd lebe ich intensiver als Bücher lesend und Vorträge hörend.

Beim Wandern begegne ich meinem innersten Kern, der Wahrheit, die in mir schlummert. Ich lasse meinen Besitz hinter mir; was Menschen von mir halten, ist mir nicht mehr so wichtig: So reinigt mich der Weg, weil vieles von mir abfällt. Ja, er wandelt mich, schenkt mir nicht selten in einem Punkt Umkehr.
Wenn noch Weggefährten mit unterwegs sind, erfahre ich etwas von Weggemeinschaft, von Verbundenheit, die auch durch gemeinsame körperliche Anstrengung entsteht.
Religiös gesehen sind wir pilgerndes Gottesvolk, unterwegs zum Ziel: der eigentlichen Heimat bei Gott. (nach Anselm Grün)

Herr, ich möchte auf meinen Wanderungen viel Erzählenswertes erleben und mich positiv verändern.

28

Jesus stieg allein auf einen Berg, um in der Einsamkeit zu beten. Und als es Abend geworden war, war er immer noch dort. (Mt 14,23)

Der Anblick der majestätischen Größe eines Berges kann mich ins Nachdenken versinken oder ins Schwärmen geraten lassen: Ein Berg schenkt sich uns einfach hin. Er schweigt. Er drängt sich nicht auf. Er lässt alle, die blind für seine Herrlichkeit sind, ihres Weges ziehen. Er ist unnahbar und kann doch zum Freund werden. Wer sich auf ihn einlässt, kann unendlich viel erfahren. Wer in den Bann seiner Majestät gerät, kehrt immer wieder zu ihm zurück.
Im Berg kann ich Gott erfahren, der nichts an Majestät verliert, wenn ihn die Nebel meines Zweifels oder der Hagel meiner Vorwürfe einhüllen.

Herr, lass mich im Leben den „Gottesberg" ersteigen, der höher sein wird als alle anderen Berge. (nach Mi 4,1)

29 **Jesus sagt: Gott lässt seine Sonne aufgehen über Böse und Gute und lässt regnen über Gerechte und Ungerechte.** (Mt 5,45)

Die Seilbahn fährt los und ich wundere mich:
Wie leicht trägt das Tragseil die Gondel über alle Hindernisse und Abgründe hinweg und führt in kürzester Zeit aus dem Tal mit eingeengtem Blick in die Weite und Schönheit der Berglandschaft, die mich staunen lässt. Dabei befördert die Gondel alle: Einsame und Glückliche, Muslime und Christen, Ganoven und Heiligmäßige.

Herr, für Augenblicke ahnen wir manchmal, wie es sein wird, wenn dein Reich zu uns kommt. Hilf uns, sein Kommen vorzubereiten.

30 **Während Marta geschäftig für den Gast Jesus sorgte, setzte sich Maria dem Herrn zu Füßen und hörte seinen Worten zu.** (nach Lk 10,38–40)

Im Urlaub können wir Sonnenstrahlen für kalte und graue Zeiten einfangen wie die Maus Frederick:
Während sich die anderen Mäuse geschäftig mit dem Sammeln von Getreidekörnern, Stroh und Nüssen abplagen, um in kalten Wintertagen genug zum Knabbern zu haben, sammelt Frederick „Sonnenstrahlen", „Farben" und „Wörter". Als die Vorräte schrumpfen, macht er den Mäusen Hoffnung und Freude, indem er sie an seinen wunderbaren Erinnerungen teilnehmen lässt. Das wärmt von innen und gibt neue Kraft.

Herr, ich will deine Worte „sammeln" und in meinem Herzen bewegen (wie Maria), damit sie mir in schweren Zeiten Überlebenshilfe sind.

Während Jesus auf dem Berg betete, veränderte sich das Aussehen seines Gesichtes, und sein Gewand wurde strahlend weiß. (Lk 9,29) 31

Am Kamin erzählte ein ergrauter Bergfreund, in einem der Berge sei ganz oben eine Tür: Wer sie nur einen Spaltbreit öffnen könne, erblicke etwas vom Glanz des Paradieses.
Einige lachten, einige wagten den Aufstieg, manche hielten nicht durch. Dann standen wenige staunend vor der Tür, die mit aller Gewalt nicht zu öffnen war. Als sie schon ratlos waren, legte ein Kind seine Hände auf das Schloss. Da gab die Tür nach: Gleißendes Licht umflutete sie, das Spiel der Farben zog sie in ihren Bann, und im Widerschein erwuchsen Träume von Weite und Wärme. (nach Margarete Walke)

Herr, für mich ist das strahlende Erlebnis einer Gipfelbesteigung schwacher Abglanz dessen, was mich am Ende meines Lebens erwartet.

AUGUST

1 Sie versammelten sich, um das Brot zu brechen.
(Apg 20,7)

Brot füllt nicht nur den Magen, es kann auch versöhnen. So geschah es in der Jakobstraße in Paris:
Ein großer Kerl stürzte durch die offene Tür eines Bäckerladens und verschloss sie hastig. Da erschien draußen auch schon ein Typ wie ein Schwergewichtsboxer mit einer Eisenstange in der Hand. „Er will mich erschlagen", keuchte der junge Mann, „es ist mein Vater, er ist jähzornig!" Der alte Bäcker ging ruhig zur Tür, entriegelte sie und sagte: „Guten Morgen, Gaston. Es ist ungesund, sich am frühen Morgen schon so aufzuregen. Komm herein, aber benimm dich! In meinem Geschäft wird kein Mensch umgebracht!" Dann griff der Bäcker nach einem Stück Weißbrot, teilte es und gab jedem davon. Alle aßen und der Bäcker lächelte ihnen ermunternd zu. Als sie gegessen hatten, sagte Gaston: „Komm, Junge, wir müssen an die Arbeit." (nach Heinrich A. Mertens)

Herr, ich will selbst wie Brot sein: Hunger stillen, Zufriedenheit verbreiten, Leben erhalten.

2 Jesus sagt: Wenn du zum Gottesdienst gehst und dir dabei einfällt, das eine(r) etwas gegen dich hat, so geh und versöhne dich zuerst; dann komm und feiere Gottesdienst.
(nach Mt 5,23f)

Wie viele Gottesdienste fielen bei uns aus, wenn wir es halten würden wie die Angehörigen des Massai-Stammes in Kenia, die als Nomaden von Weideplatz zu Weideplatz ziehen?
Wenn ein Priester nachkommen will, um Gottesdienst zu feiern, übergibt er einem Boten ein Büschel frisches Gras – Zeichen des Lebens –, das nun von Familie zu Familie wandert. Es darf aller-

dings nur dann weitergegeben werden, wenn Frieden zwischen den Nachbarn herrscht. Kommt das Grasbüschel innerhalb von Tagen nicht zurück, zieht der Priester weiter; er weiß: der Frieden untereinander ist gestört, da kann er nicht „Kommunion" (= Gemeinschaft mit Christus und untereinander) feiern.

„Seht, wie sie einander lieben!", sagten Außenstehende über die ersten Christengemeinden. – Herr, ich will nach Kräften zur Klimaverbesserung in der Gemeinde beitragen, der ich angehöre.

Petrus fragt Jesus: Herr, wie oft soll ich meinem Bruder vergeben, wenn er sich gegen mich versündigt? Siebenmal? Jesus sagt zu ihm: Nicht siebenmal, sondern siebenundsiebzigmal! (Mt 18,21f) 3

„Es kann der Beste nicht in Frieden leben, wenn es dem bösen Nachbarn nicht gefällt", sagt ein Sprichwort.
Ein Maler hatte in freundlichen, harmonischen Farben ein „Häuschen des Friedens" gemalt. Es fehlte dem Haus aber die Klinke an der Haustür. Darauf angesprochen, sagte der Maler: „Der Friede kann nur ins Haus kommen, wenn die Tür *von innen* geöffnet wird."

Herr, wie schön, wenn die Tür meines „Friedenshäuschens" immer sperrangelweit offen stände!

Besiege das Böse durch das Gute! 4
(Röm 12,21)

Die Zunahme der Gewalt an Schulen und auf Straßen lässt erschrecken. Härtemaßnahmen gegen diese Auswüchse lassen die Gewalt nur eskalieren.
Von einem gewaltlosen Weg der Abschreckung erzählt eine Fabel: Eine giftige Schlange hatte so viele Leute gebissen, dass sich kaum noch jemand auf die Felder wagte. Schließlich brachte aber ein heiligmäßiger Mensch sie dazu, gewaltlos zu leben.
Als die Leute merkten, dass die Schlange harmlos geworden war, warfen sie Steine nach ihr oder schikanierten sie, wo es nur ging.

Da kroch die übel zugerichtete Schlange zum Meister, um sich zu beschweren. Dieser aber sagte: „Es ist schlecht, dass du den Menschen keine Achtung mehr einjagst. Ich bat dich zwar, nicht mehr zu beißen – riet dir aber nicht davon ab, zu züngeln und zu zischen!“ (nach Anthony de Mello)
Mahatma Gandhi lehrte in gewaltlosen Aktionen – wie dem Hungerstreik – die Engländer mehr das Fürchten, als es der Ruf nach Waffengewalt getan hätte.

Herr, ich will mich bemühen, niemand durch aggressives Verhalten zu provozieren und mich nach Möglichkeit gewaltlos zu verteidigen, wenn ich angegriffen werde – das gilt auch für die Zunge.

5 **Seid gütig zueinander, seid barmherzig und vergebt einander, wie auch Gott euch durch Christus vergeben hat.** (Eph 4,32)

Der Friede fängt mit ganz kleinen Schritten an. Ein Weiser hat das einmal sehr praktisch ausgedrückt: „Wenn du wirklich Frieden haben willst, versuche, dich selbst zu ändern, nicht die anderen. Es ist einfacher, deine Füße mit Hausschuhen zu schützen, als die ganze Erde mit Teppichen auszulegen.“

Herr, ich will in meinen Friedensbemühungen ruhig langsame Fortschritte machen – der Friede ist ja wie ein Baum, der eines langen Wachstums bedarf –, aber bewahre mich davor, in meinen Bemühungen nachzulassen.

6 **Jesus sagt: Werdet Töchter und Söhne eures Vaters im Himmel; denn er lässt seine Sonne aufgehen über Böse und Gute und lässt regnen über Gerechte und Ungerechte.** (Mt 5,45)

Als die Eidgenossen kurz vor einem Bürgerkrieg standen, griff Nikolaus von Flüe, der Schweizer Nationalheilige, nach langem Fasten und Beten zu einem letzten Mittel. Er nahm ein Seil, in das ein Knoten geschlungen war, zeigte es der ganzen Versammlung und fragte: „Wie wollt ihr den Knoten lösen? An beiden Seiten ziehen? Oder nur an einer Seite? Nein, so bleibt der Knoten beste-

hen! Er lässt sich nur lösen, wenn beide Seiten im Gespräch einander näher kommen, um mit vereinten Kräften kompromissbereit das Problem zu lösen."
Was Diplomaten nicht gelungen war, schaffte Nikolaus von Flüe, denn der Bürgerkrieg wurde verhindert. Hatte dazu sein Fasten und Beten beigetragen?

Herr, mach mich zu einem Werkzeug deines Friedens: dass ich verbinde, wo Streit ist.

Ertragt einander und vergebt euch gegenseitig, wenn einer dem anderen etwas vorzuwerfen hat. Wie Christus euch vergeben hat, so vergebt auch ihr! (Kol 3,13) 7

Sich durchsetzen um jeden Preis oder immer nachgeben um des lieben Friedens willen? Beides führt nicht zu einem gedeihlichen Miteinander.
Zwei Ziegenböcke begegnen sich auf einem schmalen Steg über einem reißenden Wildbach. „Geh aus dem Weg", ruft der eine. „Ich war aber zuerst auf der Brücke", schreit der andere. „Aber siehst du nicht, dass ich viel älter bin" ... Die Wut schaukelt sich hoch. Schließlich senken beide die Köpfe und rasen aufeinander los. Der heftige Zusammenprall lässt sie das Gleichgewicht verlieren. So fallen sie beide ins wilde Wasser und retten sich nur mühsam ans Land.

Herr, nicht immer ist derjenige der Klügere, der nachgibt. Ich möchte versuchen, herauszufinden, wann das Nachgeben zum beiderseitigen Nutzen ist und wann eine Auseinandersetzung durchgestanden werden muss.

Jesus sagt: Du sollst deinen Nächsten lieben – wie dich selbst. (Mk 12,31) 8

Eine Form der Gewalt gegen sich selbst ist die Selbstabwertung. Demut ist etwas anderes: Sie meint den Mut, sich seiner Dunkelheiten bewusst zu sein und sich dennoch nicht zu verachten. Selbstabwertung aber meint, man/frau könne Gott und den Menschen überhaupt nichts vorweisen. Man hält sich für minderwertig. In den Augen Gottes ist aber keines seiner Geschöpfe von minderem Wert. Jedes hat seine Qualitäten und Liebenswürdigkeiten. Jedes ist einzigartig, unverwechselbar und mit unantastbarer Würde ausgestattet. (nach Anselm Grün)

Herr, ich möchte mir meiner Stärken, aber auch meiner Grenzen bewusst sein. Das lässt mich froh und dennoch bescheiden sein.

9 **Jesus sagt: Ich aber sage euch: Liebt eure Feinde und betet für die, die euch verfolgen. Werdet Töchter und Söhne eures Vaters im Himmel; denn er lässt seine Sonne aufgehen über Böse und Gute und lässt regnen über Gerechte und Ungerechte.** (Mt 5,44f)

Mitten in der belebten Großstadt Delhi wird Mahatma Gandhi († 1948) von den tödlichen Schüssen eines politischen Fanatikers getroffen. Ein Leben lang hat er einen gewaltlosen Protest gegen alle Unterdrückung mit dem Grundsatz „niemanden verletzen" befolgt. Noch im Tod dreht er den Kopf, um seinen Mörder zu sehen. Aber er erkennt nur noch die Menschentraube, die um ihn herumsteht. Da zieht er sterbend mühsam die Hand über die Brust und sein Gesicht bis auf die Stirn: das Zeichen der Versöhnung! Und alle verstehen: Er verzeiht seinem Mörder.

Herr, ich danke dir für die Menschen mit großem Herzen, nobler Gesinnung und selbstloser Menschenliebe, die du uns in allen Religionen geschenkt hast, damit wir uns an ihnen orientieren können.

10 **Jesus sagt: Wenn dich einer zwingen will, eine Meile mit ihm zu gehen, mit dem gehe zwei.** (Mt 5,41)

Eines Tages ging der „Apostel Wiens", Klemens Maria Hofbauer († 1829), mit seinem Hut durch die Gaststätten, um für die Armen zu sammeln. Dabei traf er auch auf einen Mann, der von Hass erfüllt war gegen alles, was mit „Kirche" zu tun hatte. Der fuhr ihn an: „Wie kommen Sie dazu, mich um Geld zu bitten?", und spuckte ihm mitten ins Gesicht. Klemens Maria zog ruhig sein Taschentuch heraus, machte sich sein Gesicht wieder sauber und sagte dann: „Das war für mich. Nun geben Sie mir bitte noch was für meine Armen.“ – Zeitgenossen berichten, dieser Mann sei so perplex gewesen, dass er ihm den ganzen Inhalt seiner Geldbörse in den Hut geschüttet habe. (nach Klemens Tillmann)

Herr, auch du hast es geduldig ertragen, als man dich bespuckte. Hilf mir, meine Verletzungen nicht zu wichtig zu nehmen.

11

Jesus sagt: Ich aber sage euch: Leistet dem, der euch etwas Böses antut, keinen Widerstand, sondern wer dich auf den rechten Backen schlägt, dem halte auch den anderen hin.
(Mt 5,39)

Es kann Situationen geben, in denen ich mich besser wie das Schilfrohr verhalte, das dem Sturm nachgibt und nicht wie eine Eiche trotzt. Nach dem Sturm steht es wieder aufrecht da – neben der gestürzten Rieseneiche.
Bert Brecht erzählt einmal von der Zwangseinquartierung eines Agenten, dem ein Bürger sieben Jahre ohne Murren dient, weil er andernfalls von den Herrschenden an die Wand gestellt würde. Als der Agent vom vielen Essen, Schlafen und Befehlen dick geworden ist, stirbt er. Da wickelt ihn der Bürger in die verdorbene Decke, schleift ihn aus dem Haus, wäscht das Lager, tüncht die Wände, atmet auf und sagt: „Nein, dir will ich nie dienen!“

Herr, mein Gewissen möge mir sagen, wo ich Widerstand leisten muss, mein Herz, wo Toleranz das Gebot der Stunde ist, und mein Verstand, wo ich den längeren Atem haben darf.

12

Die Sonne soll über eurem Zorn nicht untergehen.
(Eph 4,26)

Offensichtlich haben wir Menschen nur eine ganz bestimmte Menge an Wut in uns. Irgendwann ist sie verbraucht. Weil Vergebung erst am Ende der Wut stehen kann, dürfen wir die Wut nicht gleich fromm überspringen wollen oder Barmherzigkeit in uns erzwingen. Ich darf zunächst in mir nachspüren, wie sehr mich der andere verletzt hat, dann erst kann wirkliches Verzeihen langsam das Herz erreichen. (nach Anselm Grün)

Herr, lass mich auch die positiven Kräfte in Aggressionen und Wut erkennen, aber hilf mir, bei aller eigener Verletztheit den anderen nicht zu verteufeln!

13 **Es kommt der Tag, dann schmieden sie Pflugscharen aus ihren Schwertern und Winzermesser aus ihren Lanzen.** (Jes 2,4)

Auf der Verladerampe des ehemaligen KZs Auschwitz-Birkenau ist eine aus einem Stück Stacheldraht geformte Rose angebracht.
Es gibt Menschen, deren Herz nicht nur „Fett" angesetzt hat oder gefühllos geworden ist, sondern die unbarmherzig geworden sind gegen sich und andere; die gleichsam Stacheldraht ums Herz geflochten tragen. Eine Rose zulassen hieße: Ich möchte alles Böse durch das Gute besiegen (Röm 12,21), die Rache Gott überlassen – um die Hände frei zu bekommen für den Frieden und die versöhnlichen Gesten.

Herr, bevor ich Rosen für die Welt flechte, lass mich zuerst für mich selbst den inneren Frieden suchen.

14 **Jesus sagt: Ich aber sage euch: Jeder, der zu seinem Bruder sagt: Du Dummkopf!, soll dem Gerichtsspruch des Hohen Rates verfallen sein.** (Mt 5,22)

Eine Fabel erzählt, dass die Tiere beschlossen, einen alten bösartigen Elefanten zu Tode zu bringen. Erst als der Riese gefällt am Boden lag, kam ein Karnickel angerannt und schlug wie wahnsinnig auf den Toten ein. Auf die verwunderte Frage der Schildkröte, weshalb es das tue, wo es doch das einzige Tier gewesen sei, dem der Elefant zu Lebzeiten nie etwas getan habe, rief das Karnickel: „Das ist es ja gerade, was mich so wütend macht!" (nach Gerhard Branstner)

Herr, nicht beachtet zu werden kränkt, und was kränkt, kann krank machen. Ich werde versuchen, künftig mein Augenmerk mehr auf „die im Dunkeln“ (Brecht) zu richten.

15

Ist jemand in Christus, so ist er ein neues Geschöpf: Das Alte ist vergangen, siehe es ist neu geworden. Aber das alles kommt von Gott, der uns durch Christus mit sich selbst versöhnt und uns den Dienst der Versöhnung aufgetragen hat.
(2 Kor 5,17f)

Sich versöhnen mit sich selbst heißt: Frieden stiften mit sich selbst, unsere aufgebrachte Seele beruhigen! Ich sage „ja“ zu allem, was bisher in meinem Leben gelaufen ist, zu meinem Charakter und zu allen, die mich begleitet haben – auch wenn nicht alles gut war und ist. So wie ich jetzt bin, bin ich einmalig und darüber freue ich mich. Der erste Schritt zum inneren Frieden ist, dass ich das ständige Vergleichen mit anderen lasse. Der zweite Schritt heißt, ich versöhne mich mit den Wunden, die mir in der Vergangenheit zugefügt wurden – ich verdränge sie nicht – und gebe diese Verletzungen nicht mehr weiter.
Ich darf nie meinen, ich hätte es schon geschafft; immer wieder bin ich versucht, mich in Anklagen und Selbstanklagen zu ergehen. Mir hilft aber der Rückenwind Gottes bei diesem jahrelangen Bemühen. Und ich darf wissen: Er wenigstens nimmt mich so an, wie ich bin. (nach Anselm Grün)

Herr, lass Frieden einkehren in mein Herz.

16

Es ging eine Kraft von Jesus aus, die alle heilte.
(Lk 6,19)

Es ist dunkel geworden. Wir rücken die Tischlampe näher und knipsen sie an. Oh, sie brennt nicht.
Ist der Stecker nicht eingesteckt und mit der Stromquelle verbunden, ist das Kabel selbst defekt oder die Glühlampe kaputt?
Manche wundern sich, wenn's im Leben einmal dunkler wird, dass das Licht des Glaubens nicht mehr brennt, das plötzlich ge-

fordert ist. Stehe ich überhaupt mit der Stromquelle, mit Jesus, noch in gutem Kontakt? Ist der Glaube, das Kabel, längst defekt? Kann ich deshalb keine Helligkeit mehr spenden, weil die Leuchtkraft meiner Überzeugung schon länger erloschen ist?

Herr, ein Wackelkontakt mit dir ist doch reparabel, oder habe ich sogar den Stecker nicht mehr eingesteckt? (nach Max Huber)

17 **Lasst euch durch die Feuersglut, die zur Prüfung über euch gekommen ist, nicht verwirren; stattdessen freut euch, dass ihr Anteil an den Leiden Christi habt; denn so könnt ihr euch auch bei der Offenbarung seiner Herrlichkeit freuen und frohlocken.** (1 Petr 4,12f)

Man kann vielem Unangenehmen oder Schweren etwas Positives abgewinnen – wie eine schwarze Henne ein weißes Ei legen kann: Dunkle Sommerwolken schenken erfrischende Abkühlung. – Scharfer Frost macht den Boden fruchtbar. – Raue Winde lassen die Wurzeln der Bäume erstarken. – Dunkles Gestein birgt glänzende Edelsteine. – Niedergeschlagenheit kann uns näher zu Gott bringen. – Karge Zeiten lassen uns das Wort Gottes und das Gebet suchen. („Not lehrt beten.") – Und der Tod ist das Tor zum Leben „in Fülle". (nach Charles H. Spurgeon)

Herr, lass mich in aussichtslosen Situationen die Hoffnung nicht verlieren, dass einmal alles gut werden wird.

18 **Jesus sagt: Euer Herz erschrecke nicht! Glaubt an Gott, und glaubt an mich!** (Joh 14,1)

Ein Herzschrittmacher überwindet Aussetzer und längere Pausen, gibt unserem Herzen einen gesünderen Lebensrhythmus und vermittelt ein Gefühl der Sicherheit.
Unser Vertrauen auf Gott ist wie ein innerer Herzschrittmacher, der uns die Angst nehmen und ein Taktgeber in wichtigen Lebenssituationen sein kann, wenn uns die nötigen Impulse ausgehen.
Ein fester Glaube lässt länger leben; betende Menschen atmen gelassener – das ist statistisch nachweisbar!

Herr, hilf, dass ich glauben kann, wenn die „Herzrhythmusstörungen“ zunehmen und es bitternötig ist.

Jesus sagt: Wer zu mir kommt, wird nicht hungern, und wer an mich glaubt, wird nimmermehr dürsten. (Joh 6,35) 19

Der Pfarrer hält den Firmlingen (Konfirmanden) einen Fünfzigmarkschein entgegen und fragt: „Glaubt ihr, dass es ein echter Geldschein ist?“ Alle nicken. „Gut, ich schenke ihn einem von euch.“ Alle schauen verwundert. Er wiederholt die Absicht, ihn verschenken zu wollen. Sie schauen, nicken, aber ... doch, jetzt kommt ein Mädchen nach vorn, holt sich den Geldschein und geht freudestrahlend zurück. Die andern ärgern sich, dass sie sich nicht eher getraut haben.
So komme ich auf langen Wegen zum Glauben: Zuerst hinhören, dann das Gehörte umsetzen, also aufstehen, hingehen und empfangen und schließlich damit leben. (nach Axel Kühner)

Danke, Herr, für ein Vertrauen, das sich aufmacht und all das empfängt, was du versprochen hast.

Jesus sagt zu Nikodemus: Wenn jemand nicht von neuem geboren wird, kann er das Reich Gottes nicht sehen. (Joh 3,3) 20

„Der Pilot konnte sich mit dem Fallschirm retten“, lautete die Nachricht. So ein Fallschirm ist auch unser Glaube. Ich muss allerdings die Reißleine ziehen, wenn ich nicht auf der Erde zerschellen will. Jedem Menschen ist dieser Fallschirm angeboten. Unsichtbar hängt er verpackt auf jedem Rücken. Es ist der freie Wille des Menschen, ob er von diesem Angebot Gottes Gebrauch macht; allerdings ist dabei sein Mitwirken nötig.
Das Wort Jesu an Nikodemus könnte auch so ausgelegt werden: „Wenn du den freien Fall nicht abrupt beendest, kannst du nicht gerettet werden.“

Herr, schenke meinem Glauben immer wieder eine neue Wiedergeburt, damit ich im Notfall nicht ungebremst in den körperlichen oder seelischen Tod rase. (nach Anton Allmer)

21 **Jesus sagt: Kommt alle zu mir, die ihr mühselig und beladen seid.** (Mt 11,28)

Mit dem Glauben-Können ist es ein wenig so wie mit einer Rolltreppe, die sich beim Durchschreiten einer Lichtschranke in Bewegung setzt. Wenn ich einen von aller Technik ahnungslosen Menschen davor stelle und ihm sage: „Diese Treppe bringt Sie ‚nach oben'", wird er den Kopf schütteln und sich veralbert fühlen. Aber wenn ich mit ihm dann die Rolltreppe betrete, wird er staunen …
Ähnlich ist das mit dem Glauben: Die so genannten „Gottesbeweise" sind da nicht hilfreich. Erst, wenn wir den Glauben trotz aller Ungewissheit wagen, geht es „nach oben".
Oder – etwas platter – wie sagte der Fabrikant dem Mann, der ein ungewöhnlich schmutziges Kind bemerkte und feststellte, die Seife habe in der Welt erst wenig bewirkt: „Seife nutzt nur, wenn sie angewendet wird."

Herr, hilf mir dabei, aus meinen Zweifeln durch die Lichtschranke des Glaubens zu treten.

22 **Jesus sagt: Selig seid ihr, wenn sie euch schmähen und verfolgen und auf alle mögliche Weise verleumden um meinetwillen.** (Mt 5,11)

Wer heutzutage in der Öffentlichkeit seinen Glauben bekennt, muss mit mitleidigem Lächeln rechnen. Wer aber überzeugend lebt und ehrlich seine Meinung zu Glaubensdingen äußert, findet manchmal nachdenkliche Zuhörer. –
Dachs und Iltis trafen sich auf ihrer nächtlichen Futtersuche. Weil der Iltis dabei hin und wieder „zum Himmel aufblickte", übersah er einen Wassertümpel und fiel hinein. Der Dachs wusste sich vor Lachen nicht zu halten und rief des Öfteren: „Das kommt davon, wenn man zu viel ‚nach oben' schaut." Danach ging jeder weiter auf Futtersuche; später trafen sie sich wieder. Der Dachs hatte sich verirrt und war froh, dass der Iltis ihm den rechten Weg zeigen konnte, dieser hatte nämlich ab und zu nach oben geschaut und sich an den Sternen orientiert. „Dafür", sagte der Iltis, „nehme ich

gern in Kauf, dass ich hin und wieder falle und – ein Dachs darüber lacht." (nach Gerhard Branstner)

Herr, belächelt zu werden, tut weh. Ich will mich dennoch nicht von dem Weg abbringen lassen, für den ich mich entschieden habe.

Jesus sagt zu Thomas: Streck deinen Finger aus – hier sind meine Hände! Streck deine Hand aus und lege sie mir in die Seite, und sei nicht ungläubig, sondern gläubig! (Joh 20,27) 23

Menschen, die den Glauben suchen oder an ihm zweifeln, sind meist aktiver, belesener und getriebener als die meisten, die ihn gefunden haben oder dies zumindest meinen.
Eine Legende erzählt über den Zweifler Thomas, dass er sich im späteren Leben unverantwortlich bis zur totalen Erschöpfung engagiert habe, so dass Petrus ihn mahnen musste, verantwortlicher mit seinen Kräften umzugehen. Aber Thomas lehnte mit den Worten ab: „Ihr glaubt unangefochten an Jesus als den Sohn Gottes. Ich muss meine Kräfte doppelt einsetzen und muss doppelt leiden, weil Jesus *vielleicht* doch der Sohn Gottes ist."

Herr, wenn es dich gibt, bewahre mich vor falscher Selbstsicherheit, den Glauben schon zu „besitzen".

Gott beschirmt dich mit seinen Flügeln, unter seinen Schwingen findest du Zuflucht. (Ps 91,4) 24

Die einen sagen: „Da hast du aber einen guten Schutzengel gehabt!" Die anderen nennen es „Zufall". Es gibt wundersame Erfahrungen.
Eine Frau hantiert im dritten Stockwerk mit einem Hammer in der Fensterecke. Plötzlich entgleitet ihr der Stiel und kippt nach außen. Mit schreckverzerrtem Gesicht starrt sie dem Hammer nach in die Tiefe – hoffentlich kein Unglück! Sie jagt kreidebleich und zitternd nach unten und sieht: Der Hammer hat sich im aufgespannten Verdeck eines Kinderwagens verfangen und baumelt genau über dem Kinderköpfchen! Da stürzt schon die junge Mutter herbei. Ihre Aussage ist frappierend: Sie war bereits im Ge-

schäft gewesen, aber noch einmal zurückgegangen, um das Verdeck hochzuklappen, obwohl kein Wind wehte, kein Regen fiel, keine Sonne brannte …

Herr, wenn Naturkatastrophen Menschen in einen furchtbaren Tod reißen, und kein Schutzengel die Hand dazwischenhält, dann stütze mein schwankendes und schwaches Vertrauen auf deine Nähe.

25

Herr, du bist meine Zuflucht. In deine Hände lege ich voll Vertrauen meinen Geist. (Ps 31,5.6)

In der Komplet, im Abendgebet der Kirche, stehen die Worte: „Herr, auf dich vertraue ich; in deine Hände lege ich mein Leben!" Wer sich so loslässt, schenkt auch seiner Seele ein Bett für die Nacht. Und für den ganzen Tag:
Eine Frau saß in einem Lift zwischen den Stockwerken gefangen. Der Hausmeister sprach beruhigend über die Sprechanlage auf sie ein und fragte auch, ob sie allein sei. „Nein", antwortete sie ohne Ängstlichkeit in der Stimme und bestimmt, „nicht allein!"
Als der Lift schließlich repariert war und die Tür sich öffnete, trat die Frau allein heraus. Auf die verwunderte Nachfrage des Mannes antwortete sie ruhig: „Ich war nicht allein. Gott war mit mir." (nach Norman Peale)

Herr, schenke auch mir ein unerschütterliches Vertrauen in deine bergende Gegenwart.

26

Jesus sagt: Wenn euer Glaube auch nur so groß ist wie ein Senfkorn, dann werdet ihr zu diesem Berg sprechen: Hebe dich weg von hier dorthin!, und er wird sich hinwegheben. Und nichts wird euch unmöglich sein! (Mt 17,20)

Schon der Wille kann Berge versetzen!
Die alte Dame war von den Ärzten bereits aufgegeben, da raubte ein Autounfall Sohn und Schwiegertochter das Leben. Die beiden Enkel, sieben und vier Jahre alt, standen allein. Nach einer Phase des Schmerzes und der Verzweiflung regten sich neue Lebensgeister in der Todkranken. Auf eigene Verantwortung verließ sie das

Krankenhaus. Die Nachbarn trauten ihren Augen nicht: Sie fing die verstörten Kinder auf, wickelte alle leidigen Erledigungen ab, suchte Unterbringungsmöglichkeiten für die Enkel. War die ärztliche Diagnose falsch gewesen?
Nach gut einem Monat kehrte sie mit einem müden Lächeln zurück: „Die Kinder sind in guten Händen!“ Dann verfiel sie unaufhaltsam. Nach einer Woche drückte man ihr die Augen zu. (nach Peter Paal)
Welche Lebenskraft unser Wille entfaltet! Und dass der Glaube Berge versetzen kann, das haben viele Heilige wie etwa die zerbrechlich wirkende Mutter Teresa gezeigt.

Herr, sei du meine Kraftquelle, wenn ich vor einer Schwierigkeit kapitulieren möchte. Mit deinem „Rückenwind“ werde ich die Eigenschaften entwickeln, die zur Erfüllung des unumgänglich Notwendigen nötig sind.

Gott sandte den Geist seines Sohnes in unsere Herzen; den Geist, der ruft: Abba, Vater. (Gal 4,6) („Abba“ ist die vertrauliche Form, in der liebevoll der Familienvater angesprochen wird, also etwa „Väterchen“ oder Papa) 27

Die Menschen haben Gott viele Namen gegeben, wobei unser Begriff *Gott* ziemlich abstrakt klingt und unsere Gefühle wenig anspricht.
Einmal kamen Menschen zusammen, einen neuen Namen für Gott zu suchen: „Sonne“, sagte der Erste, „weil sie uns Licht und Wärme schenkt und die Nacht zurücktreibt.“ „Wasser“, sagte der Zweite, „denn daraus kommt alles Leben.“ „Erde“, sagte der Dritte, „weil sie Nahrung hervorbringt und uns trägt.“ „Wind“, sagte der Vierte, „denn die Luft lässt uns atmen.“
Eine Mutter mit einem Kind steht schweigsam dabei: Alle schauen sie an. Dann werden sie sich einig: „Der schönste Name für Gott ist ‚Mutter‘ oder ‚Vater‘!“ (nach Josef Osterwalder)

Gott, du bist wie *ein guter Vater oder eine liebevolle Mutter zu uns: Geheiligt werde dein Name!*

28 **Nicht darin besteht die Liebe, dass wir Gott geliebt haben, sondern dass er uns geliebt … hat. Wenn Gott uns so geliebt hat, sind auch wir einander verpflichtet zu lieben.** (1 Joh 4,10f)

Vor Gott gelten nicht die Maßstäbe der Leistungsgesellschaft. Eine zu enge christliche Gewissenserziehung führt manche Christen in eine furchtbare Unruhe vor dem „Richtergott".
Ein alter Mönch, der seine letzten Tage kommen sah, ging Gott entgegen und hatte schon mehrmals ans „Himmelstor" gepocht. Aber die mächtige Tür blieb jedes Mal verschlossen, obwohl er jeweils noch strenger gefastet, noch intensiver gebetet, noch mehr Menschen bekehrt und gepflegt hatte.
Traurig und enttäuscht setzte er sich neben das Tor und half schließlich selbstvergessen einem Kind, einen Tunnel im Sand fertig zu stellen. Da öffnete sich das Himmelstor wie von selbst, und er wusste, dass er jetzt eintreten durfte.
Wir können uns den Himmel nicht „verdienen", nur „fröhlich sein, Gutes tun und die Spatzen pfeifen lassen" (Don Bosco). Dann dürfen wir vertrauensvoll darauf hoffen, eingeladen zu werden zum ewigen Hochzeitsmahl.

Herr, wir können nicht immer geben, wir sollten „nur" unverkrampft und selbstvergessen lieben.

29 **Daran haben wir die Liebe Gottes erkannt, dass er für uns sein Leben hingegeben hat.** (1 Joh 3,16)

Der gottloseste Satz, den wir aussprechen können, lautet: „Da kann man nichts machen!" (Dorothee Sölle)
Eine Aussage voller Gottvertrauen: „In schwarzer Nacht auf schwarzem Stein eine schwarze Ameise – Gott sieht sie" (aus Arabien).

Herr, mein Glaube soll wie ein Vogel sein, welcher schon singt, wenn die Nacht noch dunkel ist.

Wenn jemand ohne Kleidung ist und ohne die tägliche Nahrung und einer von euch sagt: Geh in Frieden, kleide dich warm und esse dich satt! Ihr gebt ihm aber nicht, was er zum Leben braucht – was nützt das? So ist auch der Glaube für sich allein tot, wenn er nicht Werke vorzuweisen hat. 30
(Jak 2,15–17)

Wirklicher Glaube führt immer zum Handeln. Sich ausschließlich auf Beten beschränken, bedeutet Gott lästern und anderen ein Ärgernis geben.
Einmal störte eine hungrige Maus einen Asketen in seiner Meditation und knabberte an seiner Sandale. „Stör mich nicht!", herrschte er sie an. „Aber ich habe Hunger!", piepste die Maus. Der Asket wurde ärgerlich: „Ich suche die Einheit mit Gott. Hau ab!" Da seufzte die Maus resigniert: „Wie willst du dich mit Gott vereinigen, wenn du nicht einmal mit mir einig wirst?"

Herr, gib mir ein Herz voller Vertrauen auf dich und zupackende Hände.

Herr, in deine Hände lege ich voll Vertrauen meinen Geist. 31
(Ps 31,6)

Manchmal könnten wir zusammenbrechen angesichts unserer Verantwortung und der Entscheidungen, durch die oftmals Weichen ins Ungewisse gestellt werden müssen. Dann aber sollten wir uns an folgende köstliche und befreiende Anekdote vom gütigen Papst Johannes XXIII. erinnern:
Ein neu ernannter Bischof beklagte sich bei ihm, dass die neue Bürde ihn nicht mehr schlafen lasse. „Das kenne ich", antwortete mitleidsvoll der Papst, „aber dann raunte mir mein Schutzengel einmal in einem Tagtraum zu: ‚Giovanni, nimm dich nicht so wichtig!' Seitdem schlafe ich wieder!"

Herr, wenn du mit uns bist, wer kann dann gegen uns sein?

SEPTEMBER

1 **Gott nahe zu sein ist mein Glück. Ich setze meine Zuversicht auf Gott, den Herrn.** (Ps 73,28)

Viele Menschen meinen, Gott sei nur die Projektion ihres frommen Wunsches. Und wenn sie etwas von ihm erfahren oder „sehen“, sei das nur eine Fata Morgana, die die Phantasie uns vorspiegele.
Stellen Sie sich vor, Sie hätten sich in der Wüste verirrt. Sie werden verdursten, wenn keine Hilfe kommt. Und dann sehen Sie vor sich Palmen auftauchen, Sie hören sogar Wasser sprudeln! Doch Sie lassen sich halb wahnsinnig zu Boden fallen, weil Sie annehmen, in Wirklichkeit sei da nichts: Es sei eben eine Fata Morgana. Tragisch, wenn Sie so sterben: So nahe am Wasser, dass Ihnen die Datteln schon fast in den Mund wachsen.

Ich möchte die Botschaft Jesu hören und bedenken. Das wird mich vielleicht zum Glauben führen. Herr, ich bitte darum!

2 **Jesus sagt: Alles kann, wer glaubt.** (Mk 9,23)

Hätte ich doch manchmal als Christ das Vertrauen und die Zuversicht einer Bärenraupe! Sie ahnt herrliches Grün auf der anderen Straßenseite – so wie uns Christen das Paradies versprochen ist am Ende der Straße des Lebens. Es liegt vielleicht noch viel dazwischen! Für die Bärenraupe liegen noch genau sechs Meter Asphalt dazwischen.
Aber sie geht. Auf Stummelfüßen! Obwohl Autos hin und her jagen, nicht nur PKWs, nein auch Lastautos, Sattelschlepper; Radfahrer, Mopeds und Fußgänger. Sie geht ohne Hast. Ohne großartige Taktik. Vielleicht zwanzig Autos in der Minute! Und sie geht und geht und geht und – kommt an! (nach Rudolf Otto Wiemer)

Herr, lass mich ankommen. Und jeden Tag ein Stück wagen. Manchmal auf Stummelfüßen.

3

Petrus fürchtete sich, und er begann zu sinken. Er schrie: Herr, rette mich! Jesus streckte sofort die Hand aus und ergriff ihn. (Mt 14,30f)

Wie kann es sein, dass wir uns manchmal in Gottes Liebe geborgen und sicher fühlen, ein andermal aber meinen, Gott sei uns sehr fern?
Ein Rabbi erklärte das so: Wir sind noch Unmündige im Glauben, die zaghafte Schritte versuchen. Es ist wie bei einem kleinen Kind, das das Laufen lernt: Wir stellen das Kind vor uns hin und halten unsere Arme zu beiden Seiten, damit es nicht fällt, und langsam mit tapsenden Schritten kommt es zwischen den Händen heran. Sowie es aber näher kommt, rücken wir ein wenig von ihm ab, halten aber die Hände weiter hin – und so fort, damit das Kind Gehen lernt.

Herr, lass mich deine ausgestreckten Hände gerade dann spüren, wenn ich etwas wage.

4

Jesus sagt: Bleibt in mir, dann bleibe ich in euch. (Joh 15,4)

Die folgende Geschichte erzählt davon, dass wir in Leid und Not von Gott nicht im Stich gelassen werden:
Sie schildert einen Traum, in dem einer mit Jesus am Strand entlangspaziert. Dabei zieht sein ganzes Leben wie ein Film an ihm vorbei. Und bei allen Szenen aus dem Leben sind immer zwei Paar Fußabdrücke im Sand zu sehen. – Aber dann, in der letzten Szene, als es ihm am schlechtesten erging, da erschien nur *ein* Paar Fußabdrücke im Sand. „Warum?“, kam sofort die Frage, „warum hast du mich da allein gelassen?“ Und Jesus antwortete: „Mein lieber, lieber Freund, ich mag dich so sehr, dass ich dich niemals verlassen würde. Während der Zeiten, wo es dir am schlechtesten ging, wo du auf Proben gestellt wurdest und gelit-

ten hast – dort, wo du nur *ein* Paar Fußabdrücke siehst –, es waren die Zeiten, wo ich dich getragen habe."

Herr, trage auch mich ein Stück, wenn ich am Ende meiner Kräfte bin.

5 **Die Gnade Jesu Christi, des Herrn, und die Liebe Gottes und die Gemeinschaft des Heiligen Geistes sei mit euch allen!** (2 Kor 13,13)

Wer nicht weiß, wie er sich Gott vorstellen soll, halte sich an das Wort Jesu: „Wer mich sieht, sieht den Vater" (Joh 12,45).
Ein König wollte unbedingt Gott sehen. Er drohte, all seine Weisen und Priester umbringen zu lassen, wenn es ihnen nicht gelänge, ihm Gott zu zeigen. Da kam den Verzweifelten ein einfacher Hirte zu Hilfe: Er führte den König auf einen freien Platz, zeigte ihm die Sonne und sagte: „Sieh genau hin!" Sofort senkte der König geblendet den Kopf und klagte: „Willst du, dass ich erblinde?" „Aber König", antwortete der Hirte, „die Sonne ist doch nur ein schwacher Abglanz der Größe Gottes ... Wie willst du Ihn selbst aushalten können?" (nach Leo N. Tolstoi)

Herr, du bist anders als alle unsere Vorstellungen. Hilflos wären unsere Versuche, uns ein Bild von dir zu machen, wenn uns nicht Jesus in Gleichnissen von dir erzählt hätte.

6 **Mein Gott, wende dich mir zu und sei mir gnädig, denn ich bin einsam und gebeugt.** (Ps 25,16)

Die einen suchen das Single-Dasein, die anderen fühlen sich unendlich einsam. Einsamkeit ist die Krankheit der Seele.
So wirft eine alte Dame ihren Kamm und einen Löffel vom dritten Stock auf die Straße. Passanten lesen die Sachen auf und bringen sie ihr wieder nach oben. Endlich eine Begegnung und Abwechslung! (nach Roland Breitenbach)

Herr, ich will Ausschau halten nach einsamen Menschen in meinem Umfeld und versuchen, ein wenig Licht in ihr Leben zu bringen.

Jesus sagt: Betrachtet die Lilien des Feldes, wie sie wachsen! Sie arbeiten nicht und spinnen nicht. Aber ich sage euch: Auch Salomo war in all seiner Pracht nicht gekleidet wie eine von ihnen. (Mt 6,28f) 7

Die goldgelben, prallen Blüten des Löwenzahns verwandeln jede Wiese. Trotzdem werden sie von Gärtnern und Landwirten als lästiges Unkraut eingestuft. Niemand denkt daran, den Löwenzahn zu veredeln, um ihn vielleicht in einen Brautstrauß zu flechten.

Alle seine Blüten verblühen einmal und werden zur Pusteblume: Sie ist ein toller Trost am Wegrand für uns Menschen! Mancher ist traurig, wenn das pralle Gelb des Lebens schwindet und die Haare grau, dann weiß werden. Aber wie die Kinder die Pusteblume mögen, so lieben sie auch die Großeltern. Trotz der weißen Haare und der nachlassenden Kräfte.

Danke, Herr, für das Alt- und Neuwerden. Lass mich jede Stufe des Lebens neu entdecken und erfüllen.

Mein Sohn, nimm dich deines Vaters an. Bereite ihm, solange er lebt, keinen Kummer. Wenn sein Verstand abnimmt, übe Nachsicht, und beschäme ihn nicht in deiner Vollkraft. (Sir 3,12f) 8

Ein Vater war sehr alt und zittrig geworden, so dass er beim Essen Suppe auf das Tischtuch schüttete. Manchmal floss ihm auch etwas aus dem Mund. Sein Sohn und dessen Frau ekelten sich davor. Schließlich setzten sie ihn hinter den Ofen in die Ecke. Dort saß er nun betrübt und allein und sah zum Tisch. Einmal entfiel seinen zittrigen Händen auch noch das Schüsselchen, aus dem er aß, und zerbrach. Die junge Frau schimpfte ihn aus. Sie kaufte ihm eine hölzerne Schüssel; daraus musste er nun essen.

Eines Tages trug der Enkel von vier Jahren kleine Brettchen zusammen. „Was machst du da?“, fragte ihn der Vater. „Ich mache einen kleinen Topf“, antwortete das Kind, „daraus sollen Vater und Mutter essen, wenn sie alt sind.“

Da sahen sich Vater und Mutter an. Sie holten sofort den alten

Großvater an den Tisch. Und sie sagten auch nichts mehr, wenn er ein wenig verschüttete. (Märchen der Brüder Grimm)

Was du nicht willst, das man dir tu, das füg auch keinem andern zu.

9 **Unerkannt geht die Weisheit Gottes mit dem Menschen und prüft ihn durch Versuchungen. Dann lässt sie Furcht und Bangen über ihn kommen, bis sein Herz von ihr erfüllt ist.** (Sir 4,17)

„Ich glaube", schreibt der französische Schriftsteller André Gide, „dass die Krankheiten Schlüssel sind, die uns gewisse Tore öffnen können. Ich glaube, es gibt gewisse Tore, die einzig die Krankheit öffnen kann … Ich habe unter denen, die sich einer unerschütterlichen Gesundheit erfreuen, noch keinen getroffen, der nicht nach irgendeiner Seite hin beschränkt gewesen wäre – wie solche, die nie gereist sind."

Herr, wenn du mir Leid schickst, lass es mir Schlüssel sein für Tore der Erkenntnis.

10 **Jesus sagt: Alles, was ihr von anderen erwartet, das tut auch ihnen!** (Mt 7,12)

Manchmal sehen wir Menschen mit Behinderungen und sind dann sehr schnell geneigt, spöttisch oder hochnäsig über sie zu denken.
Darum erfand eine Mutter das Spiel: „Aber um Gottes willen, das bin ja ich!" Auslöser dafür war eine Situation, in der sich die achtjährige Tochter vor Lachen ausschütten wollte, weil eine sehr, sehr dicke Dame vor ihr wie eine Ente herwatschelte. Wie vom Blitz getroffen, blieb die Mutter stehen, beugte sich mit dem Gesicht ganz nahe zum Kind und sagte: „Aber um Gottes willen, das bin ja ich!" Und dann: „Wir wollen ein Spiel daraus machen: Jedes Mal, wenn du jemanden siehst, der schielt oder hinkt, zu dick oder dünn ist oder sonst wie entstellt, so stelle dir vor, du stecktest in seiner Haut und er in deiner. Und dann sagst du: „Aber um

Gottes willen …“ Das Kind wiederholte es: „Aber um Gottes willen, das bin ja ich!“ (nach Gloria Swanson)
Etwas zum Einüben: Sich vorstellen, dass ich in seiner oder ihrer Haut stecke!

Herr, es ist nicht mein Verdienst, wenn ich bisher ohne gesundheitliche Einschränkungen durch das Leben gehen konnte. Ein Unfall oder eine Krankheit könnten sehr schnell eine(n) „Behinderte(n)“ aus mir machen. Wie sehr würden mich dann Spott und Lieblosigkeit anderer Menschen verletzen.

Du sagst: Ich bin reich und wohlhabend, und nichts fehlt mir. Du weißt aber nicht, dass gerade du elend und bejammernswert bist, arm, blind und nackt. (Offb 3,17) 11

Krankheit ist eine Chance, mehr zu sehen, ja von mancher Blindheit geheilt zu werden.
So erging es einem Mann, den ein unbekannter Virus quälte und wochenlang ans Bett fesselte. Schlimme Atemnot war zu hohem Fieber hinzugekommen. Er hätte sterben können.
Seine Frau hatte sich rührend um ihn gekümmert: immer wieder das Bettzeug gewechselt, die Lippen angefeuchtet, das Licht abgedunkelt, die Tasse an den Mund gehoben, seine Hand gehalten. Jetzt ging es langsam besser. „Schau, wie verschieden das Grün ist an den Bäumen draußen“, sagte er. „Ja?“, antwortete sie, „das hast du früher nie gesehen!“ „Ich habe vorher manches nicht gesehen!“ Er nahm ihre Hand und schaute in ein übermüdetes Gesicht mit liebevollen Augen. (nach Anton Jansen)

Herr, manche Belastungen in meinem Leben haben mir zu wichtigen Einsichten verholfen; sie haben mich bescheidener und dankbarer gemacht: eine Chance, mein Leben bewusster als Geschenk zu erfahren.

12 **Der Herr ist denen nahe, die zerbrochenen Herzens sind, die ein zerschlagenes Gemüt haben.** (Ps 34,19)

„Nichts ist schlimmer für ein Kind“, schreibt Eugen Drewermann, „als erleben zu müssen, dass die eigenen Eltern einer drohenden Gefahr absolut hilflos und voller Angst gegenüberstehen. Für ein Kind bilden Vater und Mutter den wichtigsten Halt auf Erden; zu erleben, dass auch sie keinen Halt zu bieten vermögen, verwandelt die ganze Welt für sie in eine Stätte nicht endender Angst.“

Herr, mach mir immer wieder bewusst, dass ich ein „kleiner Leuchtturm“ sein muss für die Menschen, die mir anvertraut sind – trotz all meiner Fehler.

13 **Furcht ist nicht in der Liebe, sondern die vollkommene Liebe treibt die Furcht aus. Denn die Furcht rechnet mit Strafe; wer sich aber fürchtet, dessen Liebe ist nicht vollendet.** (1 Joh 4,18)

Wie streng, ja unbarmherzig, waren früher manche Erziehungsregeln, wie auch die Kirche uns oft genug an fragwürdige Traditionen festnagelte! Heute genießen die Kinder – gottlob – größere Freiheit. Doch die kann auch zur tödlichen Gefahr werden:
Ein Schaf entdeckte ein Loch im Zaun, zwängte sich durch und freute sich über die neu gewonnene Freiheit – bis es merkte, dass es vom Wolf verfolgt wurde. Im letzten Augenblick wurde es vom Hirten gerettet.
Obwohl viele ihn bedrängten, weigerte er sich, das Loch im Zaun zu flicken.

Herr, gib mir das richtige Gespür dafür, wie viel „Zaun“ ich zumuten und wie viel Freiheit ich verantworten kann.

14 **Stark wie der Tod ist die Liebe. Auch mächtige Wasser können sie nicht löschen.** (Hld 8,6f)

Es lassen sich wunderbare Zeichen vereinbaren, die Menschen trotz großer Entfernung verbinden.

„Einmal in der hohen Sierra“, so schrieb Mary Austin, „beobachtete ich einen indianischen Träger, der sich jeden Tag zu einer bestimmten Stunde absonderte, um mit seinen Füßen rhythmisch zu tanzen und dabei leise zu singen. Auf meine Frage hin antwortete er: ‚Er habe dieses Lied gemacht, damit seine Frau und er es singen könnten, wenn sie voneinander getrennt seien.‘ – Gleichgültig also, wo beide sich befanden, sangen und tanzten sie zusammen, wenn die Sonne einen Bogenschuss oberhalb des Horizontes stand – und schauten dabei in die Richtung, in der jeder den anderen vermutete.“

Herr, gib auf uns Acht, denn das Meer ist so groß und unser Boot so klein. (nach einem bretonischen Fischergebet)

Seid gütig zueinander, seid barmherzig, und vergebt einander, wie auch Gott euch durch Christus vergeben hat. 15
(Eph 4,32)

Selbst der Gerechte fällt siebenmal am Tag und sei es durch Unterlassen des Guten.
Khalil Gibran schreibt: „In Wahrheit bist du keinem Menschen etwas schuldig. Du schuldest allen Menschen alles!“
In einem Fischerdorf hatte eine Frau durch Ehebruch nach den Gesetzen ihres Landes ihr Leben verwirkt und sollte von einem hohen Felsen gestürzt werden. Doch in der Nacht stieg der betrogene Ehemann in die Felswand und spannte dort ein Netz aus starken Seilen, sodass die Frau nach Vollstreckung des Urteils von diesem Netz aufgefangen wurde. Verunsichert riefen die Fischer die Markgräfin, damit sie entscheide, ob das Urteil als vollstreckt gelte. Die Markgräfin hörte sich alles an, schenkte dann der Frau ihr eigenes Haarnetz als Zeichen der Begnadigung und als Symbol für die Liebe des Mannes, die die Schuld der Frau aufgefangen hatte. (nach Werner Bergengruen)

Woher nahm der Fischer diese Kraft? Herr, schenke mir eine Liebe, die allem *standhält.*

16 **Petrus fragte: „Herr, wie oft muss ich vergeben, wenn einer sich gegen mich versündigt? Siebenmal?“ Und Jesus antwortete: „Nicht siebenmal, sondern siebenundsiebzigmal!“** (Mt 18,21f)

Wäre das nicht toll? – Ich frage den Arbeitskollegen, ob er mir sein Ferienhaus in der Schweiz für sieben Tage überlassen kann und er antwortet: „Du kannst es für 77 Tage haben!“
Wenn wir christlich wären, sprengte unsere Großzügigkeit alle Maßstäbe. Vielleicht bleibt deshalb das Christentum in unseren Breitengraden so schwach, weil wir zwar von der großzügigen Barmherzigkeit Gottes leben, sie aber nur in kleiner Münze weiterzahlen. – Ein Landwirt begegnet mit einem Sack Weizen auf dem Rücken dem lieben Gott – so erzählt eine indische Legende. „Schenk mir von deinem Weizen“, bittet Gott. Aber der Bauer sucht nur ein kleines Weizenkorn heraus und reicht es ihm. Und Gott verwandelt es in Gold und gibt es ihm zurück! Da ärgert sich der Mann, dass er nicht den ganzen Sack geschenkt hat.

Herr, wie kleinkariert, berechnend, engherzig ist oft mein Verhalten, so ganz und gar unchristlich, manchmal unmenschlich. Wie sehr beschämt mich dagegen deine Barmherzigkeit.

17 **Seid nüchtern und wachsam! Leistet dem Teufel Widerstand in der Kraft des Glaubens.** (1 Petr 5,8f)

Wer einen Gegner in den schwärzesten Farben beschreibt, um vor ihm zu warnen, erweist sich oft einen Bärendienst.
So warnte eine Antilopenmutter ihre Jungen vor dem Tiger und beschrieb ihn in den schrecklichsten Farben. Als die Kleinen dann einem wirklichen Tiger begegneten, konnten sie das Raubtier in ihm nicht erkennen.
Wer auf eine Begegnung mit der Gefahr richtig vorbereiten will, muss auf eine wirklichkeitsgetreue Maskierung hinweisen. (nach Gerhard Branstner)

Herr, manchmal kostet es Überwindung, an einem mir unsympathischen Menschen auch positive Eigenschaften ausfindig zu machen. Bewahre mich vor Schwarzmalerei.

Der Weingärtner erwiderte dem Besitzer des Weinbergs, der den unfruchtbaren Baum umhauen lassen wollte: Herr, lass ihn noch dieses Jahr stehen; ich will den Boden um ihn herum aufgraben und düngen. (nach Lk 13,8f) 18

Manch ein Erzieher oder Ausbilder hat schon an Aufgeben oder an eine „Axt" gedacht, wenn Unzuverlässigkeit oder Bequemlichkeit eines Anvertrauten ihm ständig zusetzten.
Aber das einzige Erziehungsinstrument, das weiterhelfen kann, ist der Spaten, der den Boden um den jungen Baum auflockert, damit Dünger und Luft an dessen Wurzeln gelangen. Dann gilt es geduldig abzuwarten, bis sich Früchte zeigen.

Herr, ich will meine Ungeduld zähmen und mich an deiner Langmut orientieren.

Sie schrien in ihrer Not zum Herrn, und er entriss sie ihren Ängsten. (Ps 107,6) 19

Wer die Zeitung aufschlägt oder die Nachrichten hört, spürt, wie schwierig es ist, angesichts der wachsenden Gewalt und Angst in der Welt menschlich zu bleiben: ehrlich und gütig, zuversichtlich und ausgeglichen, mitfühlend und hilfsbereit.
Eugen Drewermann schreibt dazu: „... das wollte Jesus sagen und das war sein ganzes Leben: Dass wir von Gott her die Angst besiegen und als innerlich freie Menschen leben können. Nur deshalb kam er in die Welt; nur deshalb musste er sterben."

Herr, wenn du mit uns bist, wer kann dann gegen uns sein?

Jesus sagt: Euch muss es zuerst um Gottes Reich und seine Gerechtigkeit gehen; dann wird euch alles andere dazugegeben. (Mt 6,33) 20

Was betrachten wir als das Wichtigste für unser Leben: Gesundheit, Arbeit, Geld, Familie, Urlaub ...?
Der indische Evangelist Sundar Singles sagte einmal: „Christus ist für Christen die Nummer eins. Stellen wir die Eins an die Spitze

und fügen nach rechts hin eine Anzahl Nullen an (wie die Werte Gesundheit, Arbeit ...), so wird die Zahl immer größer, denn die Eins steht an der Spitze. Setzen wir aber die Nullen nach links, dass die Eins am Schluss steht, verliert die Zahl unendlich an Wert."

Herr, sei du mir im Leben der Wichtigste!

21 **Lass die Augen des Betrübten nicht vergebens warten ..., dann wird Gott dich seine Tochter oder seinen Sohn nennen und Erbarmen mit dir haben.** (Sir 4,1.10)

Eine Gruppe von zehn blinden Bettlern in Marrakesch/Marokko erhielt von einem Touristen – umgerechnet – je eine Mark in ihre Messingschalen. Dabei hatte der Spender sich auch mit Fünfzigpfennigstücken beholfen. Später stellte er fest, dass er einem Bettler nur 50 Pfennig gegeben haben musste, weil er eine Münze übrig behalten hatte. Was würde nun geschehen? Alle Bettler nahmen ihre erhaltene Münze prüfend zwischen die Zähne, tauschten sich untereinander aus und lachten dann herzlich über das Missgeschick ihres Leidensgenossen. Dann aber langten neun in ihr Gewand, holten jeweils ein Fünfpfennigstück heraus und gaben es weiter: Jetzt hatte jeder 95 Pfennige. Welche Solidarität!
(nach Heinz-Josef Lambertz)

Herr, ich möchte ein offenes Herz behalten für alle, die nicht auf der Sonnenseite des Lebens stehen.

22 **Jesus wird sagen: Was ihr einem dieser Geringsten nicht getan habt, das habt ihr auch mir nicht getan.** (Mt 25,45)

Mutter Teresa von Kalkutta meinte: „Die Armut wurde nicht von Gott geschaffen. Die haben *wir* hervorgebracht – ich und du mit unserem Egoismus."
Aber sie sieht das Problem auch noch aus einem anderen ungewöhnlichen Blickwinkel: „Erst im Himmel werden wir entdecken, was wir den Armen dafür schulden: Dass sie uns geholfen haben, Gott im Nächsten besser lieben zu können."

Herr, es ist nicht mein Verdienst, dass ich nicht in einem Armenviertel dieser Welt geboren wurde. Darum will ich versuchen, im Rahmen meiner Möglichkeiten die Not dort zu lindern.

23

Abraham aber sprach: Mein Kind, denk daran, dass du in deinem Leben dein Gutes empfangen hast, Lazarus aber nur Schlechtes. Jetzt wird er dafür hier getröstet, du leidest Pein. (Lk 16,25)

Der Reiche zum Armen: „Ich möchte dir ja nicht zu nahe treten, aber willst du nicht angesichts der Tatsache, dass fast sieben Milliarden Menschen die Erde bevölkern, den Kindersegen einschränken?“ Der Arme: „Die Kinder sind meine Altersvorsorge!“
Der Reiche: „Aber die Rohstoffe reichen bald nicht mehr aus!“ Der Arme: „Aha, es geht auch um Rohstoffe. Dann brauchen wir also eine Geburten- *und* eine Rohstoffkontrolle.“
Der Reiche – verwirrt: „Ja – schön!“ Der Arme: „Ich möchte Ihnen ja nicht zu nahe treten, aber ist Ihnen klar, dass die 30 % Reichen in der Welt 90 % der Rohstoffe verbrauchen? Was wollen Sie dagegen tun?“ (nach Terre des Hommes)

Herr, lass mich so leben, dass meine Enkel sich noch gerne an mich erinnern.

24

Wende nicht dein Angesicht von einem Armen ab, und nicht von einem Bittenden das Auge. Gib niemand Anlass, dich zu verfluchen. (Sir 4,5)

Bei einem Vogelkundler las ich folgenden Tatsachenbericht: Ein mächtiger Adler hatte über einem See einen Fisch unter der Wasseroberfläche entdeckt, stürzte sich aus der Höhe hinab und packte die Beute mit mächtigen Greifern. Aber es war ein zu riesiger Fisch und dem Adler gelang es nicht, mit ihm wieder Höhe zu gewinnen; im Gegenteil: er spürte, wie langsam seine Kräfte schwanden. Da wollte er den Fisch abschütteln, aber seine Greifer saßen zu tief in dessen Gräten. Schließlich zog der Fisch den Adler in die Tiefe und beide gingen zugrunde.

Ist das nicht ein treffendes Bild für unsere heutige Situation? Die mächtigen Industrieadler haben überall im „See der Erde“ Beute gemacht, nicht nur in der so genannten Dritten Welt, sondern auch in den Hinterhöfen unseres Landes. Die Schere von Arm und Reich klafft immer weiter auseinander. So tritt jetzt langsam eine Situation ein, die die Reichen selbst in den Abgrund zieht: Entweder versuchen die Asylsuchenden die Grenzen in die Gelobten Länder zu überwinden oder sie werden in ihren Ländern aus Verzweiflung durch Gewalttaten alles mit in den Tod ziehen, was sich in ihren Breiten angesiedelt hat. Es bleibt als Ausweg nur, in die leergefischten Gewässer unserer Erde solidarisch einen Teil des Reichtums zurückzugeben, um ausreichend Hilfe zur Selbsthilfe zu ermöglichen.

Herr, ich will versuchen, durch meinen Einsatz für Gerechtigkeit das schreiende Unrecht in unserer Welt zu lindern!

! *Hinweis:*
Zum Erntedank eignen sich die Gedanken vom 25. 9. bis 30. 9.

25 **Seid dankbar!**
(Kol 3,15)

Schon ein einfacher Apfel kann uns das Staunen lehren:
Wir können den Duft genießen und dabei dem danken, der ihn wachsen und reifen ließ; denen, die den Apfelbaum gepflanzt, behütet, veredelt, beschnitten, gespritzt und bewässert haben; und auch denen, die die reifen Äpfel gepflückt, verpackt, transportiert und verkauft haben.
Im Innern des Apfels schlummern Kerne mit der Keimkraft für hunderte, ja tausende neuer Bäume.

Herr, Dankbarkeit ist eine wundersame Medizin für Leib und Seele. Das gilt für den, der Dank sagt, wie für den, der Dank erfährt. (P. Hans Wallhof)

Jesus sagt: Gib uns heute das Brot, das wir brauchen! (Mt 6,11) 26

Ein Drittel der Lebensmittel in Deutschland wird aus Überdruss fortgeworfen oder weil das Verfallsdatum überschritten ist. Zu diesem Thema können Raumpflegerinnen oder Hausmeister in Schulen manches berichten. Das schreit zum Himmel in einer „Zweidrittelwelt", in der viele vor lauter Hunger alles tun würden.
Die Volksseele hat die Sünde der Verschwendung schon immer in Erzählungen festgehalten, z.B.: Das stolze Fräulein vom Sandbach im Oberpfälzer Wald, das vom Tanzboden heimging und eine Pfütze mittels einer großen Semmel überqueren wollte, um keine nassen Schuhe zu bekommen, versank im Wasser. – Das Märchen „Frauensand" erzählt von der Stadt Stavoren an Hollands Küste, die vom Meer verschlungen wurde, weil eine ganze Schiffsladung Weizen ins Meer geschüttet worden war.
Danken kommt von denken.

Herr, bewahre uns vor Unzufriedenheit und Maßlosigkeit, damit wir nicht eines Tages gottlos werden.

Und Gott sprach: Siehe, ich gebe euch alle Pflanzen auf der ganzen Erde, die Samen tragen … Sie sollen euch zur Nahrung dienen. (Gen 1,29) 27

Gott hat uns die Welt übergeben. Wir sollen sie uns untertan machen, aber in Verantwortung. Dabei können wir von Indianerkindern lernen: Die Zweige des Erdbohnenstrauches, dessen Früchte bei Indianern als Leckerbissen gelten, liegen dicht auf dem Boden und schnüren alles ab, was darunter wächst. Die Kinder haben jedoch beobachtet, dass die Bohnenmaus sie im Herbst massenhaft in unterirdischen Kammern für den Winter sammelt. Das machen sie sich zunutze. Sie greifen aber nicht einfach in die Erdhöhlen der Maus, um alle Bohnen herauszuholen, vielmehr nehmen sie nur einen Teil und legen als Gegengabe ein Stück Speck oder Fett in die Vorratskammern. Denn sie wissen: Die Bohnenmäuse müssten sonst verhungern. Und sie wissen auch:

Niemand darf ungestraft und eigennützig das Gleichgewicht der Schöpfung stören. (nach Werner Müller)

Herr, im Rahmen meiner geringen Möglichkeiten will ich mich bemühen, die Ausbeutung der Erde zu verhindern, indem ich einfach lebe und Materialverschwendung vermeide.

28 **Du lässt Pflanzen wachsen für den Bedarf der Menschen, dass Brot aus der Erde hervorgehe, das des Menschen Herz stärkt.** (Ps 104,14f)

In einer Großstadt, so berichtet der Schriftsteller und Pfarrer Wilhelm Willms, sah er mitten im Einkaufsrummel einen Inder; der bückte sich plötzlich, hob eine zertretene, schmutzige Schnitte Brot auf, wickelte sie in ein schneeweißes Taschentuch und sagte: „In meiner Heimat ist Brot heilig."

Herr, lass nicht zu, dass uns im Überfluss die Augen zuwachsen und wir – blind geworden für die Not vieler Menschen – Schuld auf uns laden.

29 **Kostet und seht, wie gütig der Herr ist.** (Ps 34,9)

„Mein Gott, wie schön ist deine Welt!", heißt es in einem Lied. Blicken wir nur auf einige der herrlichen Gaben Gottes:
Was z.B. aus einer Kartoffel alles zu zaubern ist!: Reibekuchen (Kartoffelpuffer), Kroketten, Püree, Chips, Klöße, Bratkartoffeln, Pell- oder Salzkartoffeln, Kartoffelgratin und nicht zuletzt die von vielen heiß geliebten Pommes!
Das alles spricht schon für sich. Aber mehr noch für dich, guter Gott!
Was es alles für Nüsse gibt!: Walnüsse, Haselnüsse, Kokos- und Paranüsse. Und all die Nüsse, die Gott uns sonst noch im Leben zu knacken gibt. Das alles spricht schon für sich. Aber mehr noch für dich, guter Gott!
Wie köstlich sind die Südfrüchte!: die Apfelsinen, Bananen, Zitronen, Clementinen, Pampelmusen, Feigen, Datteln und Melonen.

Das alles spricht schon für sich. Aber mehr noch für dich, guter Gott! (nach Wilhelm Willms)

Wir danken dir, dem Geber aller Gaben!

Dem Armen neig dein Ohr zu, und erwidere ihm freundlich den Gruß! (Sir 4,8) 30

Wer an die Hungerrationen der Menschen im Sudan oder irgendwo in einem der Hungergebiete der Welt denkt, muss ab und zu angesichts der üppigen kalten Büffets bei zahlreichen Festen nachdenklich werden!
Ein Ehepaar, das unerwartet den Besuch eines Afrikaners bekam, nahm diesen zum Fest, zu dem sie eingeladen waren, kurzerhand mit. Dem Gastgeber war auch ein unvorhergesehener Gast herzlich willkommen, aber mit Blick auf die reiche Festtafel sagte er doch etwas verlegen: „Wissen Sie, es ist ein seltenes Fest, das wir heute feiern!“ Die Antwort war freundlich, aber unerwartet: „Zu einem Fest gehört Überfluss, auch bei uns in Afrika. Mich stört nur der Alltag in diesem Land: Er unterscheidet sich nicht genug von einem Fest!“ (nach Klaus Vellguth)

Herr, danke für deine wunderbare Welt, die für alle *gedacht ist.*

OKTOBER

1 **Alle sollen dem Herrn danken für seine Güte, für seine Wunder an den Menschen**. (Ps 107,8)

Manchmal haben wir mit den Falschen Mitleid.
Ein junger Mann, kerngesund und modisch gekleidet, sprang aus seinem tollen Sportwagen. Auf die Frage, wie er sich fühle, antwortete er: „Sehr besch...eiden!" Die schwer behinderte ältere Frau im Rollstuhl aber lächelte freundlich und gab auf dieselbe Frage die Antwort: „Danke, es geht mir gut!" (nach Lothar Zenetti)

Danke, Herr, dass ich noch sehen, hören, schmecken, greifen, gehen – und an dich glauben kann.

2 **Sagt jederzeit Gott, dem Vater, im Namen unseres Herrn Jesu Christi Dank für alles!** (Eph 5,20)

Mahatma Gandhi († 1948) ging in Südafrika einmal in ein Restaurant zweiter Klasse. Nach dem Essen bezahlte er die Rechnung und sagte zum Kellner: „Ich danke Ihnen für Ihre freundliche Bedienung." Da antwortete der Kellner ganz überwältigt: „Sir, ich werde Sie nie vergessen. In meinen 25 Dienstjahren habe ich noch nie ein Dankeswort gehört."

Herr, ich nehme mir vor, dieses kleine Wort, das nichts kostet, aber so viel Wärme verbreitet, öfter auszusprechen.

3 **Durch Jesus dankt Gott, dem Vater.**
(Kol 3,17)

Ein kleines Wort, das nichts kostet, aber häufig vergessen wird: Danke!
Dietrich Bonhoeffer, der 1945 von den Nazis umgebracht wurde, hat auf folgenden Teufelskreis aufmerksam gemacht: „Undank-

barkeit beginnt mit dem Vergessen; aus Vergessen folgt Gleichgültigkeit; aus der Gleichgültigkeit Unzufriedenheit; aus der Unzufriedenheit Verzweiflung; aus der Verzweiflung Fluch. Dem Dankbaren zeigt Gott den Weg zu seinem Heil. Lass dich fragen, ob dein Herz durch Undankbarkeit so mürrisch, so träge, so müde, so verzagt geworden ist?“

Herr, die wesentlichen Dinge im Leben, ja mein Leben selbst, bekomme ich geschenkt. Dankbarkeit müsste so meine Grundhaltung bestimmen. Ich will für kleine Gesten dankbar sein, besonders denen gegenüber, die wie selbstverständlich für mich da sind.

Danket dem Herrn, denn er ist gütig, denn seine Huld währt ewig. (Ps 106,1) 4

Manche Gottesdienstlieder würden wir bewusster mitsingen, wäre uns ihre Entstehungsgeschichte bekannt.
Pastor Martin Rinckart († 1649) beerdigte während des Dreißigjährigen Krieges 4480 Menschen, die der Pest zum Opfer gefallen waren. Trotz dieses unsagbaren Leides, das ihm begegnete, betete er jeden Tag mit seiner Familie das Dankgebet aus dem alttestamentlichen Buch Jesus Sirach: „Nun lobt den Herrn, den Gott des Alls, der Wunderbares auf der Erde vollbringt, der einen Menschen erhöht vom Mutterschoß an und an ihm handelt nach seinem Gefallen“ (Sir 50,22). Er brachte den Vers in Gedichtform und schenkte uns eines der schönsten Danklieder: „Nun danket alle Gott mit Herzen, Mund und Händen …“

Danke, Herr, dass ich auch im größten Leid die Gewissheit habe, „von guten Mächten wunderbar geborgen“ zu sein. (nach Dietrich Bonhoeffer, † 1945 im KZ)

Hört nicht auf zu danken!
(Kol 2,7) 5

Ein amerikanischer Geistlicher berichtet von einem Ehepaar, das jahrelang für den alkoholkranken Vater der Frau betete, damit dieser endlich vom Alkohol loskäme. Auch zahlreiche Gebetsgruppen

wurden um ihre Fürbitte in diesem Anliegen ersucht. Aber alles war umsonst.
Erst als sie zu der Einsicht kamen, dafür zu danken, dass der Vater noch bei ihnen war und dass sie ihn so akzeptieren mussten, wie er war, ermöglichten sie ihm, sich zu ändern. Weil er nicht mehr den unbewussten Druck spürte, sich ändern zu müssen, konnte er sich ändern. Weil er sich bedingungslos bejaht fühlte, brauchte er den Alkohol nicht mehr. (nach Anselm Grün)

Herr, manchmal neige ich dazu, Menschen nach meinem Bild formen zu wollen. Hilf mir, vom „hohen Ross" herunterzukommen und zu erkennen, dass ich nicht besser weiß, was anderen gut tut.

6 **Wie goldene Äpfel in silbernen Schalen ist ein Wort, gesprochen zur rechten Zeit.** (Spr 25,11)

Wir können nicht genug danken. So schrieb ein erfolgreicher Arzt eines Tages einen Dankesbrief an seine Lehrerin, die ihn in der Schulzeit sehr ermutigt hatte.
Schon nach einer Woche erhielt er eine mit zittriger Hand geschriebene Antwort, in der stand: „Du sollst doch wissen, was mir dieser Brief bedeutet, jetzt, wo ich eine einsame Frau in den Achtzigern bin. Über 50 Jahre lang war ich Lehrerin, und in der ganzen Zeit ist dein Brief der erste Dank von Herzen, den ich je erhalten habe. Er kam an einem kalten Morgen und erfreut mein Herz wie nichts anderes in vielen Jahren." (nach Axel Kühner)
„Die Dankbarkeit darf jederzeit den Reichtum des Herzens verschenken. So viel Freiheit gibt es nirgends. Das Danke dürfen die gefüllten Scheunen des Herzens im Übermaß verschwenden." (P. Hans Wallhof)

Herr, hilf mir, die Kreise meines Dankens und Bedenkens nicht zu eng zu ziehen.

Jesus sagt: Was ihr für einen dieser Geringsten nicht getan habt, das habt ihr auch mir nicht getan. (Mt 25,45) 7

In Indien verneigt sich der Gebende vor dem Bettler, gewissermaßen in der Freude darüber, dass er geben *darf*. Welche Kultur! Auch als Christ verneige ich mich ja, wenn ich einem Menschen in Not zu Hilfe komme, eigentlich vor dem, der unser Bruder geworden ist. Bei uns ist es schwer geworden, einem wirklich Armen zu helfen: Der an die Tür klopft, gehört in der Regel nicht zu den Ärmsten.
Die Münze in der Hand ist noch einfach zu geben. Aber Zeit und Aufmerksamkeit zu schenken, ein Lächeln, eine wirkliche Begegnung zuzulassen, die beschenkt weitergehen lässt, das halten die meisten für „zu viel verlangt"!

Herr, ich möchte nach Möglichkeit zum Brot die „Rose" geben. Erinnere mich daran, wenn meine Geschäftigkeit mich gedankenlos an einem Menschen in Not vorübereilen lassen will.

Ein Leben in Gesundheit ist viel mehr als alles Gold, ein frohes Herz mehr als unermessliches Vermögen. (Sir 30,15) 8

Die Gier nach Geld zerstört leicht jede Harmonie zwischen Menschen. Probieren Sie es aus und werfen Sie eine Hand voll Münzen in einen Sandkasten mit spielenden Kindergartenkindern: Sofort verstummt das fröhliche Lachen und alle raufen darum, möglichst viel für sich zu erjagen. „Warum kann man oft bei ärmeren Menschen mehr Großzügigkeit erfahren als bei reicheren?", fragte einer einen Weisheitslehrer. „Komm, tritt ans Fenster", antwortete dieser. „Was siehst du?" „Ich sehe Autos und Fußgänger." Darauf führte ihn der Weise vor einen Spiegel. „Was siehst du jetzt?", fragte er. „Nun, nur noch mich selbst!" „Du siehst", folgerte der Weisheitslehrer, „das Fenster wie der Spiegel sind aus Glas gemacht. Nur ein bisschen Silber hinter dem Glas – und man sieht nur noch sich selbst." (nach Sigismund v. Radecki)
Wie leicht Geld den Charakter verändern kann!

Herr, ich muss ein wenig am Spiegel des Mammons kratzen, damit ich weiter sehe als nur bis zu mir selbst.

9 **Wenn jemand sagt: Ich liebe Gott!, und doch seinen Bruder hasst, ist er ein Lügner.** (1 Joh 4,20)

Es war spektakulär: Im Fernsehen nahm ein Pfarrer ein großes Messer und schnitt damit einen Kopfsalat durch, bog ihn an den Schnittflächen auseinander und sagte: „Sehen Sie, was wir vom Kopfsalat lernen können: Er hat das Herz im Kopf!"
Es würde in manchen Ehen weniger Tränen geben, wenn nicht einer der Partner mehr vom Kopf, der andere mehr vom Herzen her argumentierte. Bei Jesus waren nie Kopf und Herz getrennt. Bei ihm gab es keinen Gegensatz zwischen Himmel und Erde, Seele und Geist. Aufgrund dieser inneren Harmonie war er „der glücklichste Mensch, den es je gab". (Dorothee Sölle)

Herr, schenke unserer Welt mehr Herz, aber auch mehr denkende Köpfe. Und vor allem: Lass mehr Herz in den Köpfen sein! (nach Ernst Sieber)

10 **Dient einander in Liebe!**
(Gal 5,13)

Oft sind es die „Stillen im Lande", die das harmonische Miteinander ermöglichen; nicht immer diejenigen, welche die „erste Geige" spielen.
Der berühmte Dirigent Leonard Bernstein wurde einmal gefragt, welches Instrument im Symphonieorchester am wenigsten gerne gespielt werde. Er antwortete ohne zu zögern: „Die zweite Geige. Alle möchten die erste Geige spielen. Aber wie wichtig ist die zweite: Ohne sie gäbe es keine Harmonie."

Herr, mach mich zu einem Werkzeug deines Friedens, das verbindet, wo etwas aus den Fugen zu geraten droht.

11 **Und Jesus legte der Frau, deren Rücken seit achtzehn Jahren verkrümmt war, die Hände auf. Im gleichen Augenblick richtete sie sich auf und pries Gott.** (Lk 13,11.13)

Hier und da werden heute Menschen schon nach ihrer Rentabilität für die Gesellschaft beurteilt, und es werden Überlegungen ange-

stellt, wie hier enorme Kosten gesenkt werden können. Wie Jesus wohl darüber gedacht hätte, erzählt folgende Geschichte:
Jesus schob jemanden im Rollstuhl in die Mitte und fragte: „Wie hoch schätzt ihr diesen Menschen?“ Die Umstehenden dachten an die Belastung des Sozialetats und die sonstigen enormen Aufwendungen und schauten – schweigend zu Boden. Jesus sah sie der Reihe nach an und sagte dann: „Dieser Mensch ist Gottes Geschöpf, wertvoll, einmalig und unaustauschbar. Als Gottes Abbild ist er auch Spiegelbild seiner Liebe, die allerdings nur der erfährt, der ihn wirklich kennen zu lernen sucht!“
Da hoben sie langsam ihre Köpfe und staunend erkannten sie im Gesicht des Mehrfachbehinderten einen bisher nicht wahrgenommenen Glanz. (nach Berthold Lutz)

Herr, ich will über niemanden ein Werturteil fällen – möchte ich doch auch vorbehaltlos geliebt werden – und mir niemals das Recht anmaßen, über Lebenswert oder Lebensunwert eines Menschen zu befinden.

Ein Mann aus Samarien (aus dem Ausland) hatte Mitleid mit dem Überfallenen, hob ihn auf sein Reittier, brachte ihn zu einer Herberge und sorgte für ihn. (Lk 10,33f) 12

Oft schon wurden wir geimpft, damit nichts passiert.
Aber welches Serum müsste es sein, um uns die Gleichgültigkeit zu nehmen, damit etwas passiert!?
Wahrscheinlich helfen erst die Tränen der Hungernden; der Angstschweiß der Gefolterten; die Scham der Entehrten.

Herr, lass mich nicht über das Wetter schimpfen, während Millionen auf leere Teller schauen.

Für einen treuen Freund gibt es keinen Preis, für seinen Wert gibt es kein Gewicht. (Sir 6,14) 13

Nach einer Umfrage haben immer mehr Männer keine echten Freunde mehr. Dabei gibt es genug denkwürdige Sätze, die das Wertvolle einer Freundschaft andeuten:

Keine Straße wird zu lang mit einem Freund an der Seite. – Auf dem Weg zu deinem Freund soll kein Gras wachsen. (K. Björnson) – Gehe eine Meile, einen Kranken zu besuchen; zwei, um Frieden zu stiften, und drei, um einen Freund zu sehen. (aus Arabien)

Herr, ich möchte die „zarten Pflänzchen“ meiner Freundschaften hegen wie ein verständiger Gärtner. (nach Elisabeth Schuler)

14

Seht, was für eine Liebe uns der Vater geschenkt hat: Wir heißen Kinder Gottes, und wir sind es. (1 Joh 3,1)

Ein hilfreiches Gebet für Menschen, deren Leben durch einen suchtkranken Angehörigen aus der Bahn geworfen wird:
Gott, schenk uns Gelassenheit, Dinge hinzunehmen, die wir nicht ändern können.
Gib uns den Mut, Dinge zu ändern, die wir ändern können.
Und erfülle uns mit deiner Weisheit, das eine vom anderen zu unterscheiden.

Herr, hilf mir, ein Fenster zu öffnen, wenn eine Tür sich schließt.

15

Es erschienen ihnen Zungen wie von Feuer, die sich verteilten … Und sie wurden alle mit Heiligem Geist erfüllt. (Apg 2,3f)

Wer – aus welchen Gründen auch immer – seine Kirche verlassen will, sollte sich gründlich überlegen, was er mit diesem Schritt verlieren wird und ob er Gleichwertiges anderswo finden kann. Ist es nicht so wie mit denen, die mit vielen Holzscheiten ein Feuer entfacht hatten, dann gemütlich zusammensaßen und sich an der Glut des Feuers wärmten. Plötzlich wollte einer nicht mehr, nahm seinen brennenden Holzspan vom gemeinsamen Feuer, verließ den Kreis und setzte sich weit abseits. Zuerst strahlte der glimmende Span auch noch Wärme aus, aber bald ließ die Glut nach und die Kälte griff nach ihm. (nach Lothar Zenetti)

Herr, ich möchte mich mit Herz und Hand in eine lebendige Christengemeinschaft am Ort einbringen.

Lasst euch als lebendige Steine zu einem geistigen Haus aufbauen. (1 Petr 2,5) 16

Von einem eindrucksvollen Zeugnis, wozu der Glaube an Christus befähigt, wird nach dem Zweiten Weltkrieg aus Krakau berichtet: Für den neuen Stadtteil Nowa-Huta planten die Kommunisten keine Kirche ein. Nach zehn Jahren Protest erhielten die Bewohner die Erlaubnis, sie in Eigenleistung zu erstellen. Nun rührten die Verantwortlichen weltweit die Werbetrommel: „Bringt ein paar Kieselsteine für den Waschbeton mit oder schickt sie uns zu." Es kamen so viele, dass die Post streikte. Der Papst sandte einen Grundstein, die Vereinigten Staaten schickten einen Stein vom Mond, der in den Tabernakel eingearbeitet wurde … Als die Kirche fertig gestellt war, nahmen dort Sonntag für Sonntag rund 20 000 Menschen am Messopfer teil. Das ist nun lange her. Heute ist Polen nicht mehr kommunistisch, die äußere und innere Not weitgehend vergessen. Gemeinschaftsdenken muss nun bewusst gepflegt werden, damit es nicht allmählich stirbt.

Herr, eine Gemeinschaft ist nur so gut wie die Summe der einzelnen Mitglieder. Ich möchte dazu beitragen, dass die Gemeinschaften, denen ich angehöre, lebendig und tatkräftig bleiben.

Jesus sagt: So soll euer Licht vor den Menschen leuchten, damit sie eure guten Werke sehen. (Mt 5,16) 17

Manchen Christen fehlt wegen all ihrer Verpflichtungen am Wochenende das Gefühl dafür, dass es in der Kirche auf jeden Einzelnen ankommt.
In der „Kirche der brennenden Lampen", einer kleinen evangelischen Kirche in Frankreich, gibt es seit 1550 den Brauch, zum Sonnabendgottesdienst seine Öllampe mitzubringen, in der Kirche zu entzünden und auf die breite Banklehne zu stellen. So wird der Raum mehr oder weniger hell, je nachdem, wie viele zu Hause bleiben. Seit 450 Jahren wandern diese Lampen von Hand zu Hand: Nach dem Tod werden sie an die weitergegeben, die in der Taufe ihren Glauben neu bekennen.
Auch in der Öffentlichkeit, in der das Licht des christlichen Glau-

bens und Handelns trübe wird, kommt es auf jede einzelne „Öllampe“ an. (nach Axel Kühner)

Herr, alle Finsternis der Welt reicht nicht aus, das Licht einer einzigen Kerze zu löschen.

18 **Jesus sprach: Ich sage euch aber: Über jedes unnütze Wort, das die Menschen reden, werden sie am Tag des Gerichts Rechenschaft geben müssen.** (Mt 12,36)

Ein spanisches Sprichwort heißt: „Trink Sankt-Vinzenz-Wasser!“ Dahinter verbirgt sich folgende Begebenheit: Ein Ehepartner kam zum hl. Vinzenz und beklagte sich bitter über den jähzornigen Partner. Er fragte, wie denn nur die Ehe vor dem Scheitern gerettet werden könne? Der Heilige riet ihm, Wasser aus dem Klosterbrunnen zu schöpfen und immer, wenn der Ehepartner zu „explodieren“ drohe, einen Schluck davon zu nehmen und ihn vorsichtig im Mund zu behalten.
Die Folge? Das „Ungewitter“ zog viel schneller vorüber, weil keine Widerrede mehr reizte.
So kann Schweigen manchmal Wunder wirken.

Herr, ich weiß, Schweigen ist nicht immer Gold und kann sogar zur Lüge werden. Ich möchte hellhörig dafür werden, wann ich mich einer Auseinandersetzung stellen muss und wann ich die Situation besser durch Schweigen entschärfen kann.

19 **Wir haben ja nicht einen, der mit unserer Schwachheit kein Mitgefühl haben könnte, sondern einen, der in allem auf gleiche Weise versucht worden ist, aber nicht gesündigt hat.** (Hebr 4,15)

Gnade bewirkt manchmal mehr als Recht:
Der Diener einer reichen Familie stahl einen Sack Reis aus der Kornkammer und trug ihn eilig durch die vielen Höfe hinaus. Da stand plötzlich die Herrin des Hauses vor ihm. „Verzeiht mir im Namen des Himmels“, stammelte der Dieb. Aber die Frau, die seine schlechte Absicht durchschaute, hieß ihn eilig davonzugehen,

damit der Herr ihn nicht sähe. Der aber stand zufällig am nächsten Tor, erkannte die Situation und sagte lächelnd: „Beeil dich, sonst entdeckt dich deine Herrin.“ Da drehte sich der Dieb verwirrt und beschämt um und brachte den Sack wieder in die Kornkammer. (aus Korea)

Herr, die beste Entspannungspolitik ist immer noch ein Lächeln.

Herr, du umschließt mich von allen Seiten und legst deine Hand auf mich. Zu wunderbar ist es für mich und unbegreifbar, zu hoch, als dass ich es fasste. (Ps 139,5f) 20

Ein Weiser aus dem Orient schrieb einmal: „Das Leben hat eine helle und eine dunkle Seite; denn die Welt besteht aus Licht und Schatten. Lässt du es zu, dass deine Gedanken bei Üblem verweilen, wirst du selbst hässlich werden. Suche nur nach dem Guten in allem, damit du die Qualität des Schönen in dich aufnimmst.“ (Paramahansa Yogananda)

Herr, sei du das Licht meines Lebens, an dem ich mich orientieren kann, wenn ich in der Dunkelheit unterzugehen drohe.

Einer trage des anderen Last; so werdet ihr das Gesetz Christi erfüllen. (Gal 6,2) 21

Der Sattel erzählte einmal selbstbewusst: „Ich trage den Reiter!“ Mit der Zeit aber wurde ihm klar, dass eigentlich das Pferd ihn und den Reiter trägt und dass er den Reiter nur tragen kann, weil er selbst ein Getragener ist.
Diese Einsicht kann befreien und stark machen: Wir alle sind getragene Träger! (nach Rudolf Stertenbrink)

Herr, trage mich, damit ich andere tragen kann.

22 **Der Gebeugte hat lauter böse Tage, der Frohgemute hat ständig Feiertag.** (Spr 15,15)

„Positiv denken“ heißt auch, jedem Ereignis – und sei es noch so schmerzlich – die gute Seite abzugewinnen.
Ein Forscher wunderte sich über die heitere Gelassenheit eines Indio, der immer gut gelaunt erschien. Auf die Frage, warum er nicht so traurig aussehe wie viele andere Männer, sagte er: „Ich bedenke, dass ich nie hungern muss, wo es so viele Hungernde gibt; dass ich nie ernsthaft krank war, wo es so viele Kranke gibt; dass ich immer ein freier Mensch gewesen bin, wo es doch so viele Unterdrückte gibt. Das macht mich so fröhlich!“ Der Forscher entgegnete: „Aber es gibt doch so viele, die mächtiger sind als du, reicher, glücklicher, klüger!“ Da lächelte der Indio: „Das kann ich ja alles noch werden, da habe ich doch noch Ziele. Das ist doch erst recht ein Grund, dankbar und fröhlich zu sein!“ (nach Adalbert L. Balling)

Herr, ich möchte mit fröhlicher Gelassenheit andere anstecken.

23 **Seid allen Menschen gegenüber auf das Gute bedacht.** (Röm 12,17)

Zwei Werbefachleute sehen einen blinden Bettler mit einem Schild um den Hals, auf dem steht: „Von Geburt an blind.“ Sein Hut bleibt leer. Sie drehen das Schild um und schreiben mit seinem Einverständnis darauf: „Es ist Frühling. Ihr seht ihn. Ich nicht.“ Jetzt haben die Passanten Mitleid und der Hut füllt sich. (nach Peter Bachér)

Herr, hilf mir, vieles positiver zu sehen und es auch zu sagen.

24 **Jesus sagte zu dem Taubstummen: Tu dich auf. Sogleich öffneten sich seine Ohren, seine Zunge wurde von ihren Fesseln befreit, und er konnte richtig reden.** (Mk 7,34f)

Wir sollen mehr miteinander reden, besonders über Dinge, die uns stören. Sonst könnte es uns ergehen wie einem Ehepaar nach fünfzig Jahren Ehe: Die Jubilarin nahm das Oberteil des Brötchens und dachte: „Immer habe ich ihm den knusprigen Teil gegeben, heute will ich mir mal diese Delikatesse gönnen." Und der Partner nahm hocherfreut das Unterteil und sagte: „Danke! Über 50 Jahre habe ich das nicht mehr gegessen, was ich vom Brötchen am allerliebsten mag. Ich dachte mir immer, du solltest es haben, weil es dir so gut schmeckt."

Herr, ich will mehr ehrliche Gespräche suchen und dabei behutsam und rücksichtsvoll auch meine Interessen vertreten.

Hört nicht auf, einander von Herzen zu lieben. 25
(1 Petr 1,22)

Das Herz eines Menschen liegt normalerweise in einem Winkel von 23⅓ Grad in der Brust. Das ist genau der gleiche Winkel, den die Erdachse einnimmt. Ob in den Jahrmillionen der Entwicklung der Erde Grundzüge bewahrt blieben?

Herr, es gibt staunenswerte Zusammenhänge in deiner immer noch schönen Welt. „Unruhig ist unser Herz, bis es ruht in dir." (Augustinus)

Herr, richte uns wieder auf! Lass dein Angesicht leuchten, 26
so wird uns geholfen. (Ps 80,4.8)

Ich muss nicht alles können! Jeder darf zu seinen „Behinderungen" stehen!
Ein Blinder und ein Lahmer gerieten angesichts eines Waldbrandes in Panik. Der Blinde lief gerade aufs Feuer zu. „Nein, nicht dorthin!", schrie der Lahme. „Wohin dann?", rief der Blinde. „Ich könnte dir den Weg zeigen", entgegnete der Lahme, „am besten nimmst du mich auf deine Schultern, weil ich lahm bin, und dann weise ich dir den Weg aus der Gefahr!" – Und so gelang es: Der Blinde richtete sich nach den Worten des Lahmen, und beide brachten sich in Sicherheit.

Herr, lass mich bereit sein, Hilfe anzunehmen und das anzubieten, was ich gut kann.

27 **Freut euch mit den Fröhlichen und weint mit den Weinenden!** (Röm 12,15)

Das Treffen ist liebevoll vorbereitet. Dennoch will keine gute Stimmung aufkommen. Woran mag es liegen?
Es ist wie bei der Hochzeit in einem fernen Land. Weil die Brautleute sehr arm waren, baten sie die eingeladenen Gäste, jeder möge bitte eine Flasche Reiswein mitbringen und am Eingang in ein großes Fass schütten. Als nun die Gäste zum Wohl des Paares anstießen und tranken, sah man plötzlich versteinerte Gesichter: Alle hatten nur Wasser im Glas …
Bin ich ein „Gebe-Gast" oder ein „Nimm-Gast"? Erwarte ich die Beiträge zu einer guten Atmosphäre nur von anderen? Oder bringe ich zu den Treffs auch die Bereitschaft mit, zum Gelingen beizutragen?

Herr, unsere Feste sind ein wenig Abglanz des großen himmlischen Festes, das du uns angekündigt hast. Ich will als Gast nach Kräften zu ihrem Gelingen beitragen, damit die Sehnsucht nach dem Fest in deinem Reich wächst.

28 **Gott spricht: Meine Gnade ist genug für dich; denn sie erweist ihre Kraft in der Schwachheit.** (2 Kor 12,9)

Der „Schatten" in uns macht zu schaffen. Gemeint ist damit tiefenpsychologisch all das, was uns belastet, was uns „im Griff hat", wo wir nicht hinschauen oder darüber reden möchten. Wie C.G. Jung († 1961) seufzte: „Man braucht schon Nerven, um den eigenen Schatten anzusehen und nicht von ihm zermalmt zu werden." Solange ich den „Schatten" in mir bekämpfe, bleibe ich sein Gefangener.
So sah sich ein Mann von einer riesigen, gefährlichen Schlange bedroht. Der Mann fand so lange keine Ruhe, wie er gegen die übermächtige Schlange zu kämpfen oder vor ihr zu fliehen suchte. Bis ihm ein Weiser den Rat erteilte: „Schlüpfe neben die Schlange, passe dich ihren Windungen an, so bist du gerettet."
Meine Kräfte werden erst wieder frei, wenn ich mich auf das Verdrängte in mir einlasse und damit lebe. Vielleicht lerne ich es sogar zu lieben?

Herr, dass die Vögel des Kummers über mir fliegen, kann ich nicht immer verhindern. Aber hilf mir verhindern, dass sie Nester auf meinem Kopf bauen. (aus China)

29

Dann kam ein Mann aus Samarien (ein Ausländer), der sah den Überfallenen, hatte Mitleid und half. (nach Lk 10,33–35)

Begehen Ausländer in unserem Land mehr Straftaten als Einheimische? Vorsicht bei Urteilen!
Eine ältere Frau kaufte sich in einem Schnellrestaurant eine Suppe. Sie hängte ihre Tasche unter den Stehtisch und ging noch einmal zur Theke, einen Löffel zu holen. Als sie zurückkehrte, löffelte „so ein afrikanischer Paradiesvogel" die Suppe! Verdutzt besann sie sich und aß schließlich gemeinsam mit ihm den Teller leer. Dann verabschiedete er sich höflich, spendierte ihr sogar noch einen Kaffee! Schließlich will sie auch fort, greift zur Handtasche. Sie ist weg! Also doch ein gemeiner Spitzbube! Wütend schaut sie sich um – da erblickt sie am Nachbartisch einen Teller Suppe – und darunter ihre Handtasche. (nach Manfred Zacher)

Herr, ich will mich um mehr Verständnis für unsere ausländischen MitbürgerInnen bemühen, von denen wir ja selbst die meisten ins Land gerufen haben. Es ist nicht mein Verdienst, in einem so reichen Land geboren und aufgewachsen zu sein.

30

Jesus sagt: Wenn dein Bruder sündigt, so geh hin und weise ihn unter vier Augen zurecht. (Mt 18,15)

Die geschwisterliche Zurechtweisung erweist sich häufig als sehr schwierig und wenig erfolgreich. Zudem hat niemand das Recht, einen anderen Menschen öffentlich bloßzustellen.
In einer Erzählung bedrängen Leute ihren Bischof, endlich bei dem Mönch auf dem Berg, der eine Frau zu sich hereinlässt, „aufzuräumen". Als der Mönch die Leute mit dem Bischof kommen sieht, packt ihn Panik und er steckt die Frau kurzerhand in ein Fass. Der Bischof durchschaut die Situation blitzschnell, setzt sich auf das Fass und lässt die Hütte von den Leuten durchsuchen. Die

Frau wird nicht gefunden. Da lässt der Bischof die Leute niederknien und Gott um Verzeihung bitten, dass sie dem Bruder so Übles nachgeredet haben. Als sie aber fort sind, nimmt er den Mönch bei der Hand und sagt: „Bruder, gib auf dich Acht!"

Herr, das Urteil soll dir überlassen sein. Ich will meinen Mitmenschen die Wahrheit nicht wie ein nasses Tuch um die Ohren schlagen, sondern sie wie einen warmen Mantel hinhalten.

31 **Das Gewissen des Menschen gibt ihm bessere Auskunft als sieben Wächter, die auf hoher Warte stehen.** (Sir 37,14)

„Mein Gewissen ist wichtiger als alles Gerede der Leute", sagte schon Cicero (106–43 v. Chr.). Es ist auch die Instanz, die im Gericht dem „höheren Gesetz" Gottes Rede und Antwort stehen muss.
Eigentlich hätte der eingewanderte Arzt dem röchelnden Kind erst nach seinem amerikanischen Staatsexamen helfen dürfen; er bestand auch darauf, einen amerikanischen Arzt zu holen. Da dieser aber nicht kam, weil schon sein letzter Besuch nicht bezahlt worden war, brach er das Gesetz und kämpfte tagelang um das Leben des Kindes. Als das Kind wieder aufstehen konnte, wurde er verhaftet, denn der andere Arzt hatte Anzeige erstattet.
Im Gerichtssaal versammelte sich eine zornige schweigende Menge. „Schuldig oder nicht schuldig?", fragte der Richter. Bevor der Angeklagte antworten konnte, schrie die Menge: „Nicht schuldig!"
Er wurde freigesprochen! Der Richter formulierte es lächelnd so: „Sie haben gegen das Gesetz verstoßen, um – einem höheren Gesetz zu gehorchen." (nach Heinz Liepmann)

Herr, lass mich dir mehr gehorchen als den Menschen.

NOVEMBER

Paulus schreibt: Fünfmal erhielt ich die neununddreißig Hiebe, dreimal bin ich mit der Rute geschlagen worden, einmal gesteinigt, dreimal habe ich Schiffbruch erlitten ... 1
(2 Kor 11,24f)

Einmal bekam ich einen tollen Kuli mit einer interessanten Eigenschaft geschenkt: Wenn ich ihn hinlegen wollte, funktionierte er wie ein Stehaufmännchen. Egal, von welcher Seite ich ihn auch hinwarf, er war nicht unterzukriegen.
Hätte ich doch immer diese Eigenschaft, dass mich nichts richtig aufs Kreuz legen kann. Manche Heiligen besaßen diese Fähigkeit: Die hl. Monika z.B., Mutter des großen Augustinus, betete 30 Jahre lang um die Bekehrung ihres Sohnes. Oder der Pfarrer von Ars, dem jeden Tag gesagt wurde, er sei zu dumm für den Priesterberuf: Er schaffte es trotzdem und ist bis heute der einzige Pfarrer, der heilig gesprochen wurde.
Aber wer taugt schon zum Heiligen? Vorbild ist mir Jesus selbst: Er fiel dreimal auf seinem Kreuzweg und stand wieder auf. Und er machte den „Versager“ Petrus zum Oberhaupt der Kirche!

Herr, wenn ich vor einer Schwierigkeit zu kapitulieren drohe, so lass mir Menschen begegnen, die mich aufrichten.

Es wird keine Nacht mehr geben, und sie brauchen nicht das Licht einer Lampe noch das Licht der Sonne. Denn Gott, der Herr, wird über ihnen leuchten, und sie werden herrschen in alle Ewigkeit. (Offb 22,5) 2

Im Tod begegnen wir keiner Waage, auf der unsere Taten gewogen und für zu leicht befunden werden; auch keinem Buch, in das eingetragen wurde, ob wir Gutes getan oder unterlassen haben. Vielmehr wird uns vielleicht im Angesicht Gottes, der die Liebe

ist, manches, was wir in unserem irdischen Leben getan oder versäumt haben, sehr Leid tun. Wir dürfen aber dann auf Gottes Barmherzigkeit hoffen.
Die katholische Kirche glaubt, dass unser Beten den Verstorbenen hilft, leichter den Sprung in die Arme Gottes zu schaffen. Die „Für-Bitten" verbinden uns eng mit dem Verstorbenen, der mich nun begleiten kann wie ein schützender Engel.

Herr, für dich gibt es keine Toten, nur Lebende. Die „Gemeinschaft der Heiligen" ist eine gute, starke, verbindende Geisteskraft – von „oben" nach „unten" und von „unten" nach „oben". Danke.

3 **Jesus sagt: Größere Liebe hat niemand, als die, dass einer sich hingibt für seine Freunde.** (Joh 15,13)

Woher nahm der Mann diese Kraft? – Alle mussten antreten im Konzentrationslager: Ein Gefangener war geflohen. Zur Abschreckung sollten zehn Unschuldige dafür in den Hungerbunker. Sadistisch wurde ausgezählt. Ein Familienvater schrie auf. Da trat der Franziskaner Maximilian Kolbe freiwillig vor, um für ihn zu sterben. Auf die Frage „Warum tust du das?" antwortete er: „Dieser Mann da ist jung, hat eine Familie. Ich bin alt und stehe allein!" Im Hungerbunker wurde sonst geschrien und geflucht. Diesmal hörten die SS-Schergen Gebete und Gesänge – bis die letzte Stimme verstummte.
Der Familienvater überlebte das KZ.

Herr, ich fürchte, dass ich in vergleichbarer Situation eine solche Kraft nicht aufbringen kann. Hab Erbarmen mit mir, und stelle mich nicht auf die Probe.

4 **Der Vater sah den Sohn schon von weitem kommen, und er hatte Mitleid mit ihm. Er lief ihm entgegen, fiel ihm um den Hals und küsste ihn.** (Lk 15,20)

Bei einem Krankenbesuch bemerkte ein Priester immer wieder den leeren Stuhl an der anderen Seite des Bettes und erkundigte sich schließlich danach. Der Kranke antwortete: „Weil es mir

schwer fiel zu beten, riet mir ein Freund, den Stuhl hinzustellen und mir vorzustellen, Jesus säße darauf und ich solle mit ihm ins Gespräch kommen. Seitdem gelingt es mir!"
Nach einigen Tagen erhielt ich von der Tochter die Nachricht, ihr Vater sei gestorben. Sie fügte hinzu: „Ich ließ ihn einige Stunden allein, weil es ihm relativ gut ging. Aber ich habe noch etwas Eigentümliches bemerkt: Sein Kopf lag nicht im Kissen, sondern auf dem Stuhl neben dem Bett." (nach Anthony de Mello)

Herr, wenn mir am allerbängsten wird um das Herze sein, so reiß mich aus den Ängsten kraft deiner Angst und Pein. (Paul Gerhardt, 1656)

Der Herr ist mein Licht und mein Heil, vor wem sollte ich mich fürchten? (Ps 27,1) 5

Da war einmal eine kleine, heitere Pfütze, die sich vor nichts fürchtete außer der Sonne. Sie spiegelte die ganze Weite des Himmels und hörte zu, als ich ihr vom Meer erzählte, der Heimat und Geborgenheit aller „Pfützen" der Welt.
Als ich Tage später wieder an ihr vorbeikam, las ich ihre Nachricht in der tanzenden Sonnenluft: „Du hast meine Sehnsucht geweckt, ich ließ mich von der Sonne umarmen und tanzte empor bis zu den Pfaden der Wildgänse, die mir den Weg zum Meer zeigen." (nach Peter Horton)

Herr, ich werde nicht sterben, nicht wie ein Bach in der Wüste versickern. Ich werde mich wie ein Wassertropfen mit dem Meer verbinden. (Martin Gutl)

Paulus schreibt: Ist aber Christus nicht auferweckt worden, so ist euer Glaube nichtig. Haben wir nur in diesem Leben auf Christus gehofft, so sind wir bejammernswerter als alle anderen Menschen. (1 Kor 15,17.19) 6

Die Erlebnisse von Menschen, die klinisch tot waren, sind kein Blick ins Jenseits, aber immerhin Erfahrungen, die in vielen Punkten mit der christlichen Tradition übereinstimmen: Im Lichte Gottes begegnen sie erschreckt ihrem eigenen wahren Gesicht, das alle Masken und Rollen abgelegt hat. In wenigen Sekunden, in denen sie wie im Film noch einmal ihr ganzes Leben anschauen, können sie sich mit sich selbst und so auch mit Gott aussöhnen. Ehemals klinisch Tote sprechen von einer überaus liebenden Macht, vor deren Urteil wir keine Angst zu haben brauchen. Nach dem Glauben der katholischen Kirche bleibt dem Menschen auch die Freiheit, sich Gott gegenüber zu verschließen. Die selbstgewählte Gottesferne hat einen Namen: Hölle. Die „Höllentür" hat nur innen eine Klinke.

Herr, ich vertraue deiner Barmherzigkeit; sie wird nicht zulassen, dass ich mich von dir trenne.

7 **Die Wurzel aller Übel ist die Habsucht.** (1 Tim 6,10)

„Alles ist Windhauch", sagt schon Kohelet im Alten/Ersten Testament, und auch Jesus warnt uns im Gleichnis vom reichen Kornbauer: „Gebt Acht und hütet euch vor aller Habsucht! Denn das Leben eines Menschen hängt nicht von seinem Vermögen ab, mag es noch so groß sein!" (Lk 12,15).
Leo Tolstoi (1828–1910), der russische Dichter, der Lebensweisheiten so eindrucksvoll in Worte fassen konnte, erzählt von einem armen Landwirt, dem ein reicher Großgrundbesitzer in einer Laune erlaubt, so viel Land als sein Eigentum zu erwerben, wie er zwischen Sonnenaufgang und -untergang umschreiten kann. Zunächst geht der Bauer mit ruhigem, frohen Mut los, dann wird sein Schritt schneller, schließlich hastig, sein Atem wird zum Keuchen, Angstschweiß tritt auf seine Stirn, ob er noch diesen See und jenes Waldstück hinzubekommen kann. Als er schließlich mit dem letzten Strahl der untergehenden Sonne den Ausgangspunkt erreicht und ein riesiges Stück Land ihm gehört, da bricht er vor Erschöpfung zusammen und stirbt.
Der Dichter fügt traurig hinzu: „Es bleibt ihm jenes winzige Stück Erde, in dem er beerdigt wird; mehr braucht er jetzt nicht mehr!"

Herr, lehre mich, loslassen zu können, denn wo mein Schatz ist, da ist auch mein Herz.

Die Leute brachten ihre Kranken, die alle möglichen Leiden hatten, zu Jesus. Er legte jedem von ihnen die Hände auf. 8
(Lk 4,40)

Oft stehen wir hilflos vor dem Leid eines Menschen. Aber wir können Nähe schenken.
Ein Mädchen, infolge von Blutübertragungen an Aids erkrankt und schon sehr geschwächt, erhielt eines Tages Besuch von einem Schulfreund, mit dem sie sich immer „super" verstanden hatte. Er war überrascht, entgegen seinen Erwartungen in den Augen des Mädchens strahlende Freude wahrzunehmen, und fragte, warum es so hoffnungsvoll fröhlich ausschaue. Die Sterbenskranke gab zur Antwort: „Weil du da bist!" (nach Peter Boekholt)

Herr, manchmal ist die menschliche Nähe die einzige Medizin, die noch ausgeteilt werden kann.

Dient einander mit der Gabe, wie sie ein jeder empfangen hat, als treue Sachwalter der vielfältigen Gnade Gottes. 9
(1 Petr 4,10)

Wer möchte nicht manchmal ganz groß in der Welt dastehen oder seine Umgebung hell machen? Aber ist immer das helle oder sogar grelle Licht gefragt?
Eine kleine Leuchte war verzagt, denn sie betrachtete sich als trübe Funzel. Gern hätte sie einmal so weißes Licht verströmt wie eine Neonröhre oder wie ein Scheinwerfer. Gott erhörte ihr Seufzen und machte ihr Licht hell. Nun konnte sie alle Winkel ausleuchten und wartete stolz auf die Anerkennung der Menschen. Stattdessen begann ein kleines Kind zu weinen, so geblendet war es; und eine Kranke bat: „Schwester, machen Sie bitte das helle Licht aus, es tut mir in den Augen weh!" Da begann die Leuchte darüber nachzudenken, ob sich die Menschen nicht in dem kleinen, freundlichen Licht geborgener und wohler fühlten als im grellen Scheinwerferlicht.

Herr, ich danke dir von Herzen für die Fähigkeiten, die du mir geschenkt hast; ob ich nun die Straße weit oder weniger weit ausleuchten darf.

10 **Wie Gold im Schmelzofen hat er sie erprobt.**
(Weish 3,6)

Mit zunehmendem Alter wächst oft unsere Fähigkeit, die Last eines Leidens geduldiger zu tragen.
Der große Maler Renoir († 1919) befand sich um 1900 auf dem Höhepunkt seiner künstlerischen Laufbahn, als ihn starke rheumatische Beschwerden heimsuchten. Schließlich saß er invalid im Rollstuhl, was ihn aber nicht am Weiterschaffen hinderte: Längst waren die Knochen ausgetrocknet, die Haut vergilbt, die Finger verknotete Spiralen, er aber – mit Hilfe einer stuhlartigen Winde auf die Höhe der Staffelei geschraubt – tupfte weiter auf die Leinwand. So entstanden die Werke seiner Reife. (nach A. L. Balling)

Herr, ich will in Liebe säen und auf die Ernte warten können.

11 **Wer seinen Bruder nicht liebt, den er von Angesicht kennt, kann Gott nicht lieben, den er von Angesicht nicht kennt.**
(1 Joh 4,20)

Es gibt auch kirchliche Fundamentalisten. So verließ ein „hundertfünfzigprozentiger“ Christ demonstrativ den Raum, als ein berühmter Philosoph eintrat, der öffentlich bekannt hatte, dass er nicht an Gott glaube. Bei einer anderer Gelegenheit trafen sich die beiden wieder. Der Philosoph hielt den Christen am Ärmel fest und sagte: „Wir beide sollten uns doch aneinander gewöhnen, denn wir werden noch lange miteinander zu tun haben – am Ort der Verdammnis: Ich werde verurteilt werden wegen Mangels an Glauben und Sie wegen Mangels an Liebe.“ (nach Heinrich Höpken)

Herr, du lässt deine Sonne aufgehen über Bösen und Guten (nach Mt 5,45); ich will mich an dir orientieren.

Jesus sagt: Wer einen dieser Kleinen, die an mich glauben, zur Sünde verführt, für den wäre es besser, dass ihm ein Mühlstein um den Hals gehängt und er in die Tiefe des Meeres versenkt würde. (Mt 18,6) 12

Khalil Gibran († 1931) bekennt: „Mit einer Weisheit, die keine Tränen kennt, mit einer Philosophie, die nicht zu lachen versteht, und einer Größe, die sich nicht vor Kindern verneigt, will ich nichts zu tun haben!"

Herr, lass mich versuchen, die Menschen nicht an den Gesichtern erkennen zu wollen, sondern an ihren Herzen.

Euer Reichtum verfault ... und euer Gold und Silber verrostet; ihr Rost wird als Zeuge gegen euch auftreten. (Jak 5,2f) 13

Spätestens mit dem Tod werden uns Ansehen, Reichtum und Titel aus der Hand geschlagen.
Die letzte Kaiserin Österreichs, Zita, starb 1989 im Alter von 97 Jahren. Als der prunkvolle Leichenzug die Kaisergruft der Habsburger in Wien erreichte, klopfte der Zeremonienmeister an das Tor und nannte 54 Titel der Verstorbenen: Kaiserin, Königin, Erzherzogin, Großfürstin, Prinzessin von Portugal usw. Aber der Wächter von innen antwortete jedes Mal: „Wir kennen sie nicht!", und das Tor blieb verschlossen. Erst als es hieß: „Zita, ein sterblicher, sündiger Mensch, begehrt Einlass", öffneten sich die beiden hohen Tore der Flügeltüre gleichzeitig.

Herr, du kennst uns besser, als wir uns selbst kennen. Sei uns barmherzig.

Im Feuer wird das Gold geprüft, und im Schmelzofen der Bedrängnis gottgefällige Menschen. Vertrau auf Gott, er nimmt sich deiner an. (Sir 2,5f) 14

Manchmal brauchen wir den „zweiten Blick", um Kommendes zu ahnen:

Um das spitze Sandkorn schon den Glanz der Perle,
in der Raupe den wunderbaren Schmetterling,
die Frucht in der eben knospenden Blüte,
im müden, faltenreichen Gesicht des Alten das Fundament, auf dem die Generation jetzt steht,
im vom Tode gezeichneten Körper des Kranken den Keim der Auferstehung.

Herr, schenke mir den Blick für das Wesentliche.

15

Gebt darauf Acht, wie ihr euer Leben führt, nicht töricht, sondern klug. Und berauscht euch nicht mit Wein – das macht zügellos –, sondern werdet voll des Heiligen Geistes. (Eph 5,15f)

Wie verhalte ich mich, wenn ich weiß, dass ich in zehn oder dreißig Jahren tot bin, aber nicht daran glauben kann, dass noch ein anderes Leben auf mich wartet? Dazu schreibt Eugen Drewermann: „Dann muss ich versuchen, den Tod zu vergessen und die Tage zu genießen ... Man wird schön essen gehen und trinken, man wird schön in der Sonne liegen und vor allem die Einsamkeit meiden ... und in die Gesellschaft fliehen, und wenn das nicht hilft, mit Drogen, Alkohol und dem Gegröle der Masse nachhelfen ... Nein, für jemanden, der in der Wüste verdurstet, ist der Durst ein Beweis, dass es Wasser geben muss!“

Herr, hilf mir, an die Auferstehung und ein Wiedersehen mit geliebten Menschen zu glauben – als Zuversicht in den Durststrecken des Lebens.

16

Jesus umarmte und segnete die Kinder, indem er ihnen die Hände auflegte. (Mk 10,16)

Kinder sind nicht unser Eigentum. Sie sind uns von Gott eigentlich für wenige Jahre anvertraut, um sie dann mit ihren Talenten in ihr eigenes Leben und in die Gesellschaft zu entlassen. Wenn bei der Taufe der Priester die Hand auf den Kopf des Säuglings

legt, um es wie Jesus zu segnen, dann will er damit auch sagen: Das ist ein Kind, das Gott gehört und sein Eigentum bleibt.
Einem jüdischen Rabbi waren während seiner Abwesenheit seine beiden Söhne gestorben. Als er nach Hause kam und sich nach ihnen erkundigte, sagte seine Frau: „Sie sind unterwegs!" Nach dem Essen fragte er: „Wohin unterwegs?" Da antwortete die Frau geheimnisvoll: „Vor einiger Zeit bekamen wir etwas zum Aufbewahren. Jetzt kam der Eigentümer, um es abzuholen. War es richtig, ihm das Geliehene zurückzugeben?" Der Rabbi bejahte das. Dann führte sie ihn ins Obergemach und zeigte ihm die Toten. Da weinte der Rabbi und verstand. (aus der chassidischen Tradition)

Herr, lass mich mitten in bitterer Trauer nicht vergessen, wem letztlich alles zu Eigen ist.

Ermahne die, die in dieser Welt reich sind, nicht hochmütig zu werden und ihre Hoffnung nicht auf den unsicheren Reichtum zu setzen, sondern auf Gott. (1 Tim 6,17) 17

Mit 43 Jahren beherrschte John Davison Rockefeller († 1937) das größte Geschäftsunternehmen der Erde; mit 53 Jahren war er der erste Dollarmilliardär. Aber wenn er auch pro Woche eine Million Dollar verdiente, war er doch einsam, verhasst, verkrampft und wurde todkrank.
In langen, schlaflosen Nächten kam er zur Besinnung. Er entschloss sich, sein Vermögen gegen die Nöte der Erde einzusetzen, und gründete die berühmten Rockefellerstiftungen: Sein Geld an Universitäten und in Krankenhäusern half jetzt, das Penicillin zu entdecken und Malaria, Tuberkulose und Diphterie, ja Armut und Unwissenheit zu bekämpfen. Diese Werke ließen seinen Geist und sein Herz gesunden. Er konnte wieder schlafen und sich freuen. Er wurde 98 Jahre alt!

Herr, bei allem persönlichen Ehrgeiz will ich ein weites Herz behalten. Denn wenn ich zu anderen gut bin, so bin ich am meisten mir selbst gut (nach Benjamin Franklin).

18 **Jesus sagt: Wenn ihr in mir bleibt und wenn meine Worte in euch bleiben, so bittet, um was ihr wollt: Ihr werdet es erhalten.** (Joh 15,7)

Wie viele Tabletten und Pillen haben wir in unserem Leben schon eingenommen? Es waren sicher viele, und oft haben sie uns von Schmerzen befreit und Krankheiten geheilt.
Die Brothostie in der Kirche hat auch „Tablettenform". Die frühen Christen nannten sie „Heilmittel der Unsterblichkeit" – Medizin mit grenzenloser Wirkung, wenn wir sie nicht gedankenlos zu uns nehmen, sondern uns öffnen und bitten: „Heile uns, Herr!" (nach Gerhard Dane)

Herr, ich weiß, dass du mein Bestes willst.

19 **Gott wird abwischen alle Tränen von ihren Augen; der Tod wird nicht mehr sein, noch Trauer, noch Klage, noch Mühsal wird sein. Denn was früher war, ist vergangen.** (Offb 21,4)

Es gibt Menschen, die dem Tod ohne Furcht ins Auge schauen, ja sogar dem „Bruder Tod" mit frohem Herzen entgegengehen.
So sagte einmal ein junger Mönch, der unerwartet zum Sterben kam und über dessen Heiterkeit sich die anderen wunderten: „Gott lieben heißt, sich fröhlich zu ihm auf die Reise machen."
Mehr aber noch sorgte ein Mönch für Erstaunen, der dreimal vor seinem Sterben die Augen öffnete und die umstehenden weinenden Brüder anlachte! Da wollten sie wissen: „Vater, warum lachst du, während wir weinen?" Er antwortete: „Beim ersten Male habe ich gelacht, weil ihr alle den Tod fürchtet. Dann, weil ihr nicht bereit seid. Und schließlich, weil ich mich von aller Arbeit und Mühsal ausruhen darf." (nach Gerd-Heinz Mohr)

Herr, lass mich in meiner Sterbestunde spüren, dass du mir nah bist, so dass ich das irdische Leben in tiefem Frieden loslassen kann.

Gott, der Herr, wischt die Tränen ab von jedem Gesicht. 20
(Jes 25,8)

Eine Legende aus China erzählt von einer Frau, deren Sohn gestorben war, und die deshalb Hilfe suchend zu einem Zauberer ging. Sie fragte: „Gibt es eine Beschwörung, meinen Sohn wieder zum Leben zu erwecken?" Der Zauberer antwortete ihr: „Ja, die gibt es. Bring mir einen Senfsamen aus einem Hause, das niemals Leid kennen gelernt hat!"
Die Frau machte sich auf die Suche nach dem Senfkorn. Aber an jeder Tür hörte sie von einem Unglück, das die Bewohner getroffen hatte. Dann blieb sie und tröstete, so gut sie konnte. Anschließend brach sie wieder auf und klopfte an bei Hütten und Palästen. Schließlich beschäftigte sie sich ausschließlich mit dem Leid anderer Leute und vergaß darüber die Suche nach dem Senfkorn.

Herr, wenn es mich trifft: Steh mir bei, dass ich in der Zeit der Trauer vom Schmerz nicht ganz aufgefressen werde. Öffne mir schon jetzt Herz und Augen für das Leid anderer Menschen.

Gib Almosen nach der Größe deines Vermögens. Und hast du wenig, scheu dich nicht, dem Wenigen entsprechend Almosen zu spenden, so sammelst du dir einen Schatz. 21
(Tob 4,8f)

Könnte es nicht sein, dass wir im Himmel nur mit dem „Geld" „einkaufen" können, das wir auf Erden *verschenkt* haben?
So erzählt eine russische Legende, dass ein reicher Mann auch im Sterben nur an das dachte, was ihn ein Leben lang besessen hatte. Er ordnete an, einen großen Beutel mit Gold in seinen Sarg zu legen.
Im Jenseits sah er eine lange Tafel mit den feinsten Speisen. Und weil er einen Riesenhunger hatte, suchte er sich eine ganze Platte aus und wollte mit einem Goldstück bezahlen. Aber der Engel nahm das Geld nicht an, schüttelte bedauernd den Kopf und sagte: „Du hast wenig gelernt!" „Was soll das", murrte der Alte, „ist mein Geld nicht gut genug?" Da vernahm er die Antwort: „Wir nehmen hier nur das Geld, das man im Leben *verschenkt* hat!"

Herr, ich weiß, dass du dein „Maßband" nicht um das Konto, sondern um das Herz legst. Erinnere mich daran, wenn ich engherzig reagiere.

22 **Jesus sagt: Auch der Menschensohn ist nicht gekommen, um sich bedienen zu lassen, sondern um zu dienen.** (Mt 20,28)

Vielen geht ein Wort Martin Luthers nicht aus dem Sinn: „Und wenn ich morgen sterben müsste, würde ich heute noch ein Apfelbäumchen pflanzen." Es ist nicht nur die heitere Gelassenheit angesichts des Todes, die uns beeindruckt, sondern auch die Überlegung: So wie wir Bäume vorfanden, die wir nicht gepflanzt haben, von denen wir aber doch essen durften, so sind die nächsten Generationen auf das angewiesen, was ich vorsorgend für sie „auf den Weg bringe".

Herr, ich möchte einen Baum pflanzen als Zeichen dafür, dass ich an eine gute Zukunft der Menschen glaube, die nach mir kommen.

23 **Der Tod wird nicht mehr sein, keine Trauer, keine Mühsal. Denn was früher war, ist vergangen. Er, der auf dem Thron saß, sprach: Seht, ich mache alles neu.** (Offb 21,4f)

Es nutzt nichts, den Kopf vor der Tatsache in den Sand zu stecken, dass auch ich sterben muss. Angst vor dem Sterben zu haben ist menschlich, schon der Körper wehrt sich dagegen. Aber habe ich auch Angst vor dem Tod?
Ein Bischof gab einem Künstler den Auftrag, ein Bild des Todes zu malen. Der stellte den Tod als Knochenskelett mit der Sense in der Hand dar. Damit aber war der Bischof nicht einverstanden: „Male ihn als Engel mit einem goldenen Schlüssel in der Hand", bat er. Eine solche Vorstellung kann nur haben, wer im Tod nicht das absolute Ende sieht, sondern das Tor, das nach dem schmerzhaften Prozess des Sterbens den Weg öffnet zum eigentlichen Leben.

Herr, „Leben in Fülle" hast du uns zugesagt bei dir in deinem Reich. Halte jetzt schon deine schützende Hand über uns.

Wir werden nicht müde, wenn auch unser äußerer Mensch aufgerieben wird; der innere aber wird Tag für Tag erneuert. (2 Kor 4,16) 24

Wir Menschen sind ein Teil der Natur und leben im Rhythmus von Ebbe und Flut. Auch unsere Seele ist nicht immer gleich gestimmt, manchmal zu Tode betrübt, manchmal himmelhoch jauchzend; schlechte Zeiten, gute Zeiten. Natürlich geht unser ganzes Streben dahin, Negatives abzuschütteln und Leid von uns fern zu halten.
Gandhi und ein Missionar besichtigten einmal eine Missionsstadt. Vor dem Kruzifix in der Kirche beugte sich Gandhi ehrfürchtig für längere Zeit. Dann flüsterte er dem Missionar zu: „Es ist das geduldige Leiden, das unsere zerrissene Welt erlösen wird. Ihr Kreuz, Herr Pater, predigt eine große Wahrheit für die ganze Welt."

Herr, ich weiß, dass du mir ein überschweres Joch aufbürden kannst. Ich bitte dich: Lass auf manche meiner „Nächte" einen strahlend schönen Morgen folgen.

Haltet geduldig aus bis zur Wiederkunft des Herrn! Auch der Bauer wartet auf die kostbare Frucht der Erde; er wartet geduldig. (Jak 5,7) 25

Wir haben nach Überzeugung unserer Eltern fast alle als „Wunderkinder" angefangen, mussten aber dann mit zunehmendem Alter unsere Begrenztheit erkennen.
Es ist wie mit dem Wunderknaben, der schon im zartesten Alter alle in Erstaunen setzte. Sein Ruf ging in die Welt hinaus, und die wollte er auch näher kennen lernen. Aber bereits am nächsten Scheideweg musste er unter drei Möglichkeiten wählen, sodass seine Welt schon zusammenschrumpfte; denn das Tal rechts und links konnte er nicht erkunden. Und so setzte sich die Tragödie fort: Seine Weisheiten wurden immer kürzer. Schließlich kam kaum noch jemand, ihm zuzuhören, weil er tausend Erfahrungen hatte auslassen müssen. Doch er ging weiter – bis auf einen Gipfel: Da sah er plötzlich die verpassten Täler unter sich und ahnte,

dass er im Kleiner- und Kürzerwerden seiner Weisheit doch ein Leben lang aufwärts gegangen war. (nach Hans Künstler)

Herr, segne mich auf meinem Weg, der mich Stufe um Stufe weiterführt bis zum Gipfelkreuz des Lebens.

26

Jesus sagt: Seid barmherzig, wie euer Vater barmherzig ist! (Lk 6,36)

Es sind die Unversöhnlichkeiten, die uns in der letzten Stunde den Abschied erschweren.
„Können Sie hassen?“, fragte der Beichtvater die Schwerkranke in ihrer letzten bewussten Stunde. „Nein“, sagte sie. „Das genügt“, sagte der Beichtvater. (nach Josef Dirnbeck)

Herr, lass mich einmal versöhnt aus dieser Welt scheiden, denn auch ich bin auf dein Erbarmen angewiesen.

27

Das ist die Botschaft, die ihr von Anfang an gehört habt: dass wir einander lieben sollen. (1 Joh 3,11)

Der Spruch auf der Grabplatte des bekannten Schriftstellers Julien Green († 1998) in St. Egid in Klagenfurt lautet (auszugsweise):
Und wäre ich mutterseelenallein auf dieser Welt gewesen: Gott hätte seinen einzigen Sohn herabgesandt, damit er mich erlöse. / Aber wer, fragst du, hätte ihn ans Kreuz geheftet? Such nicht lange: Ich selber hätte das getan. /
Und der Jünger, der ihn lieb hat?: Das ist das Schmerzlichste an der Geschichte und zugleich das große Geheimnis! Du weißt es recht gut: Auch diesen Jünger findest du in mir. (Julien Green)

Herr, hilf mir, das Talent, das du mir anvertraut hast, und die beiden Seelen in meiner Brust so zu gebrauchen, dass sie dir gefallen.

Wir rühmen uns unserer Hoffnung auf die Herrlichkeit Gottes. (Röm 5,2) 28

Ein protestantischer Missionar saß lange an der Übersetzung des Wortes „Hoffnung“ in die Sprache der Papuas in der Südsee. Am Tage der Beerdigung seines neugeborenen Kindes sprach ihn ein Papua-Junge an: „Ich sehe dich gar nicht weinen.“ Der Missionar antwortete: „Ich weiß, dass ich mein Kind wieder sehen werde: Es ist bei Gott!“ „Ach ja“, sagte der Junge, „ich habe davon gehört: Ihr Christen schaut über den Horizont hinaus.“
Das war die Übersetzung für das Wort „Hoffnung“!: Über den Horizont hinausschauen! (nach Heinz Perne)

Herr, stärke die Flügel meiner Seele, weil ich über den Horizont dieser Welt hinausschauen darf!

Seid fröhlich in der Hoffnung! 29
(Röm 12,12)

Selbst ein Arzt, der dutzende Male die Diagnose auf „Krankheit im Endstadium“ gestellt hat, gibt die Hoffnung auf Heilung nicht auf, wenn er selbst betroffen ist. Und doch kennt die Hoffnung Schwankungen wie ein Thermometer:
„Unter null“ ist Frost und Schnee angesagt. Auf die Stimmung des Menschen gedeutet: Er verzweifelt, ist verbittert; denkt daran, sich das Leben zu nehmen.
Zu hohe Temperatur treibt uns den Schweiß auf die Stirn: Das kann Übermut oder falscher Stolz bedeuten; eine Überheblichkeit, die sich so weit steigern kann, dass jemand meint, Gott und die Menschen nicht mehr nötig zu haben. In den Augen Gottes: Gegenwind!

Herr, schenke meinem Hoffnungsthermometer die „goldene Mitte“: Ich vertraue dir, meiner eigenen Kraft und – danke für die Mithilfe anderer.

30 **Die Liebe hofft alles, sie erduldet alles.**
(1 Kor 13,7)

Da macht sich ein alter Mann mit seinen Söhnen an die Arbeit, den Gipfel eines hohen Berges mit einer Hacke abzutragen, weil dieser die Strahlen der Sonne abhielt. Die Nachbarn schütteln über so viel Unvernunft spöttisch den Kopf. Aber der Mann lächelt weise: „Wenn ich sterbe, dann werden meine Söhne weitermachen. Wenn meine Söhne sterben, werden die Enkel weitermachen. Der Berg ist zwar hoch, aber er wächst nicht weiter. Unsere Kräfte jedoch können wachsen. Es ist besser, etwas zu tun, als darüber zu klagen, dass wir die Sonne zu selten sehen."
Und der Himmel hatte ein Einsehen: Während der Alte unerschütterlich weitergrub, schickte Gott – so erzählt die Legende – einen seiner Boten auf die Erde, der den Berg auf seinem Rücken davontrug.
Es gibt Menschen, die Außerordentliches vollbracht haben. Da war eine unerschütterliche Hoffnung, die sie vorwärts trieb. Und die Hoffnung, dass Gott ihr Wirken begleitet, gab die nötigen Flügel, Mauern zu beseitigen und Abgründe zu überwinden bis ins Wunderbare.

Herr, ich bin oft kleinmütig. Schenke mir eine Berge versetzende, unbezwingbare Zuversicht, wenn es darum geht, dem Guten und Wahren zum Durchbruch zu verhelfen.

DEZEMBER

Jesus sagt: Wenn der Menschensohn wiederkommt, dann richtet euch auf und fasst Mut; denn eure Erlösung ist nahe. (Lk 21,27f) 1

„Bitte warten Sie hier!", sagte ich im Gewühle des Großstadtbahnhofes dem Blinden und nahm ihm die Wege zum Schalter und zur Fahrplantafel ab. Als ich zurückkam, musste ich einen Augenblick stehen bleiben und sein Gesicht ansehen: Darauf lag ein geduldiges, ruhiges, vertrauendes Warten ohne jeden Zweifel, dass ich wiederkommen würde. Da durchfuhr es mich: So müsste eigentlich das Adventsgesicht eines Christen aussehen! (nach Heinz Schäfer)

Herr, ich vertraue darauf, dass du wiederkommen wirst und einmal alles gut wird.

Jesus sagt: Ich bin das Licht der Welt. Wer mir nachfolgt, wird nicht in der Finsternis wandeln, sondern er wird das Licht des Lebens haben. (Joh 8,12) 2

Wenn Licht und Finsternis aufeinander treffen, siegt immer das Licht! Darum weisen alle Mythologien darauf hin: Die Finsternis meidet das Licht, um nicht selbst licht zu werden.
Es ist doch beruhigend zu wissen: Alle Finsternis der Welt ist nicht im Stande, das Licht einer einzigen Kerze auszulöschen! Wenn ich im „Lichtkegel" Jesu bleibe, kann ich mich nicht in der Finsternis verlaufen.

Herr, wie eine leuchtende Stadt auf dem Berge kann ich nicht sein. Aber ich möchte heute ab und zu wie ein helles Fenster sein.

3 **Denn Gott, der gesagt hat: Aus der Finsternis soll Licht aufstrahlen!, er ist es, der es in unseren Herzen hat aufstrahlen lassen, so dass wir erleuchtet werden durch die Erkenntnis von der Herrlichkeit Gottes auf dem Antlitz Christi.** (2 Kor 4,6)

Wir schauen in das Licht einer Adventskerze und besinnen uns:
Die Kerze brennt lautlos: Viel Gutes kommt aus der Stille.
Sie verbreitet Helligkeit: Die ganze Dunkelheit des großen Raumes ist machtlos gegen sie.
Die Kerze verbraucht sich, wenn sie Licht und Wärme spendet: Wie das Kind in der Krippe schon nach der Geburt Mühsal auf sich nahm – aus Liebe zu den Menschen. Im Licht der Kerze kann ich mich orientieren: Die gute Nachricht dieses Kindes kann mich führen und ausrichten.
Die Flamme wärmt: Die erlösende Tat Christi bewahrt mich vor kalter Verzweiflung und Hoffnungslosigkeit. (Axel Kühner)

Danke, Herr, du willst die Welt heller machen – auch durch uns.

4 **Die Wüste und das dürre Land sollen sich freuen, die Steppe frohlocken und blühen.** (Jes 35,1)

Kirschzweige, am Fest der hl. Barbara (= 4.12.) ins Wasser gestellt, blühen um Weihnachten. Die Legende erzählt, dass sich auf dem Weg zum Gefängnis ein Kirschzweig an ihrem Kleid verfing, den sie ins Wasser stellte. Am Tage ihrer Hinrichtung blühte er auf. Weiße Blüten – mitten im Winter – sind ein Zeichen der Hoffnung. In allem Zweifel an uns und der Welt, in Niedergeschlagenheit und Angst vor dem, was kommen mag: Gott sendet uns seinen Sohn; wir sind nicht allein gelassen.

Danke, guter Gott! Denn ein Kind ist uns geboren, ein Sohn ist uns geschenkt! Man nennt ihn wunderbarer Ratgeber, starker Gott, Fürst des Friedens. (nach Jes 9,5)

Eine Stimme ruft in der Wüste: Bereitet dem Herrn den Weg! Macht seine Straßen eben! (Mt 3,3) 5

Besser ist es, ein Licht anzuzünden, als über die Dunkelheit zu schimpfen.
Ein Schäfer rief der Nachtigall zu: „Warum singst du nicht mehr?" Sie gab zur Antwort: „Ja, hörst du denn nicht das Gequake der Frösche? Da verliert man doch jede Lust!" „Freilich höre ich es", versetzte der Schäfer, „aber ich höre es nur deshalb so deutlich, weil ich deine Stimme nicht mehr vernehme!" (nach Gotthold Ephraim Lessing)
Manches „Quaken" aus den Medien klingt wirklich abscheulich, aber warum überlassen wir ihnen resigniert allein das Feld?

Herr, stärke mich zum Einsatz für das Gute und Schöne, damit hier und da ein Stück Himmel aufleuchtet.

Vergisst denn eine Mutter ihr Kind? Und könnten Mütter sie vergessen: Ich vergesse dich nicht. (Jes 49,15) 6

Eine Mutter kann sieben Kinder großziehen, sieben Kinder aber sind nicht im Stande, ihre Mutter zu ernähren – sagt der Volksmund.
Auch ein erfolgreicher Geschäftsmann, einziger Sohn einer Witwe, hatte seine Mutter lange vergessen. Aber dann packte ihn doch eines Tages Unruhe, und er suchte sie auf. Sie verbrachten freudige Stunden miteinander, in denen sie sich an so vieles erinnerten.
Als der Sohn abends in einem Hotel übernachten wollte, zeigte ihm die Mutter in der ärmlichen Wohnung eine kleine Kammer mit einem frisch bezogenen Bett. „Aber du wusstest doch gar nicht, dass ich komme", meinte er erstaunt. Darauf die Mutter: „All die Jahre habe ich auf dein Kommen gehofft. Das Bett stand immer für dich bereit."

Danke, Gott, für deine Liebe zu uns Menschen. Und dass viele Wohnungen in deinem „Haus" auf uns warten. (nach Joh 14,2)

7 **Eine Stimme ruft in der Wüste: Bereitet dem Herrn den Weg! Ebnet ihm die Straßen! Jede Schlucht soll ausgefüllt werden, jeder Berg und Hügel sich senken. Was krumm ist, soll gerade werden, was uneben, soll zum ebenen Weg werden.** (Lk 3,4f)

Die russische Babuschka-Puppe steht in manchen Kinderzimmern. Bis zu zehn gleich aussehende, immer kleiner werdende Püppchen können ihr entnommen werden. Ist sie nicht ein Symbol für die Vielschichtigkeit des Menschen? Stecken nicht oft zwei Seelen in unserer Brust?
Engel und Teufel, Asket und Draufgänger, Weich-Ei und Macho, Wolf und Lamm, Clown und Depressiver, Mauerblümchen und Vulkan, Zauberer und Hexe, Opfer und Mörder. (nach Hermann Josef Coenen)
Was geschähe, wenn Gott den innersten Platz im Herzen einnähme?

Herr, niemand ist bis in den letzten Seelenwinkel verstehbar: Oft bin ich mir selbst ein Rätsel. Du aber bist größer als unser Herz. (nach 1 Joh 3,20)

8 **Jesus stieg auf einen Berg, um zu beten. Und er verharrte die Nacht hindurch im Gebet zu Gott.** (Lk 6,12)

Ein Bein oder Arm ist gebrochen. Jede(r) sieht es als selbstverständlich an, dass die Bruchstelle ruhig gestellt wird, damit in aller Stille Nährsalze neues Gewebe aufbauen. Dann kann die Bruchstelle widerstandsfähiger sein als vorher.
Nun gibt es aber auch Brüche in der Seele oder in den Kräften unseres Gemütes, weil die Belastungen einfach zu hoch sind. Auch hier gehört ein „Gipsverband um die Seele“: Stille, Schweigen, Ausspannen. Bei einem Nervenzusammenbruch nur zu sagen: „Komm, reiß dich zusammen?“, ist zu wenig.

Herr, ich will mir mehr Zeit für mich selbst nehmen und mir ausreichend Schlaf und Entspannung gönnen.

Leuchtet in der Welt als Lichter! 9
(nach Phil 2,15)

„Der Mensch kommt am Du zum Ich."
Das erfuhr auch der Mann, der endlich das Licht von der Wunderflamme nach Hause tragen durfte. Jetzt, so glaubte er, würde ihm das Glück ein Leben lang hold sein. Als er einem Frierenden Feuer für seinen Holzstoß abgeben sollte, tat er dies sehr widerwillig: Der Zweck war ihm zu banal.
Auf seinem weiteren Weg geriet er in einen furchtbaren Sturm, seine Flamme erlosch. Jetzt erinnerte er sich froh an den, dem er Feuer gegeben hatte, und kehrte zu diesem zurück. Den weiten Weg zurück über Meere und Länder zum heiligen Ort hätte er nicht mehr geschafft.

Herr, lass mich manchmal wie ein Leuchtfeuer sein, das anderen Orientierung schenkt.

Siehe, Finsternis bedeckt die Erde und Dunkel die Völker, doch über dir strahlt der Herr und seine Herrlichkeit erscheint über dir. (Jes 60,2) 10

Wie Licht, das wir weitergeben, die Umgebung heller macht, hat Oleg Popow, einer der ganz großen Clowns, einmal sehr anschaulich in Szene gesetzt:
Der Scheinwerfer wirft einen winzigen Fleck Licht in das dunkle Rund der Manege. Oleg, mit einem kleinen Koffer in der Hand, kommt und räkelt sich wohlig im Licht. Das aber wandert weiter und der Clown läuft mit großen Schuhen und weitem Mantel dem Licht hinterher. Immer wieder. Schließlich gelingt es ihm, mit seinem Köfferchen das Licht einzufangen. Und als er es dann in die wieder dunkle Manege schüttet, wird es plötzlich taghell im Zirkus.
Im Licht werden wir nur bleiben, solange wir Jesus nachfolgen, wie er einmal sagte: „Ich bin das Licht der Welt. Wer mir nachfolgt, bleibt nicht in der Finsternis." Und nur, wenn wir das Licht nicht für uns allein einfangen, sondern weitergeben, machen wir die Welt heller. (nach Joseph Weissmann)

Herr, ich kann nicht Stadt auf dem Berge sein (vgl. Mt 5,14ff), aber mein „Haus" soll wenigstens ein *Fenster haben, aus dem freundliches Licht auf die Straße fällt.*

11

Die Tore der Stadt des himmlischen Jerusalems werden den ganzen Tag nicht geschlossen. Aber nichts Unreines wird hineinkommen! (Offb 21,25.27)

In Märchen gibt es viele Türen, z.B. Türen der Wahrheit, die wie in „Frau Holle" den, der eintritt, mit Gold oder Pech übergießen.
Im Buch „Die unendliche Geschichte" von Michael Ende ist von drei magischen Toren die Rede: Durch das „Große Rätsel-Tor" kann nur, wer die Furcht vor dem Unbegreiflichen und Übermächtigen demutsvoll aushält. So verliert er alle Furcht. – Das „Zauberspiegel-Tor" zeigt jedem sein wahres inneres Wesen. Wer hindurchwill, muss zuerst ganz in sich selbst hineingehen, um dann unbeschwert wie ein neugeborenes Kind weiterzugehen. – Das dritte Tor nennt sich „Ohne-Schlüssel-Tor", dessen unzerstörbares Material nur auf den Willen reagiert. Je mehr einer haben will, umso fester schließt die Tür. Nur dem Absichtslosen öffnet sie sich.

Herr, lass mich ja sagen zu meinem Wesen, mich absichtslos auf den Weg machen und mich demutsvoll der Krippe deines Sohnes nähern.

12

Jesus sagt: Wenn das Weizenkorn nicht in die Erde fällt und stirbt (= sich verwandelt), bleibt es allein; wenn es aber stirbt, trägt es reiche Frucht. (Joh 12,24)

„Sie sind eine taube Nuss!" – Wer mich so beschimpft, hält mich für innerlich hohl und leer.
Ich wünsche mir einen guten Kern, der einen kräftigen Keim entwickelt. Das geschieht nicht ohne schmerzlichen Prozess: Meine Schalen, die auch mein Schutz sind, müssen aufbrechen, um neue Entwicklungen möglich zu machen – wie Abraham mit 75 Jahren noch aus der schützenden Sicherheit seines Heimatdorfes Ur in

Chaldäa (Gen 12,4) aufbrach, wie die Israeliten die Fleischtöpfe Ägyptens (Ex 12–18) hinter sich lassen mussten, um zu neuen Ufern zu gelangen.

Herr, brich auf meine Schale, meinen Egoismus; triff den Kern, meine Herzmitte, und sende mich. (nach Christine Heuser)

13

Herr, mein Gott, du bist meine Hoffnung, meine Zuversicht seit meiner Jugend. (Ps 71,5)

Der Wertewandel in unserer Gesellschaft stellt vieles in Frage: Treue, Liebe, Freundschaft, Glaube ...: Nur die Hoffnung scheint nicht abhanden zu kommen: die Hoffnung, dass wieder bessere Tage kommen, dass eine Krankheit überwunden wird, dass der Partner wieder zurückkehrt ... Die Hoffnung, das ist die kleine Schwester zwischen den großen Geschwistern Glaube und Liebe. Aber zäh ist sie und unbezwingbar.

Herr, sei du mir Fels in der Brandung!

14

Hoffnung lässt nicht zugrunde gehen.
(Röm 5,5)

Ein Fischer wirft im vollendeten Kreis immer wieder das Netz ins Wasser und zieht es behutsam hoffnungsvoll wieder nach oben. Leer. Immer wieder: leer. Manchmal wirft er es hundertmal, auch weil er weiß: Nicht mehr werfen hieße aufgeben. Und aufgeben hieße, aufhören zu leben. (nach Lindolfo Weingärtner)
„Niemals und unter keinen Bedingungen dürfen wir verzweifeln. Zu hoffen und zu handeln, das ist unsere Pflicht im Unglück. Tatenlose Verzweiflung bedeutet, sich der Pflicht entziehen.“ (Boris Pasternak in „Doktor Schiwago“)

Herr, lass mich – hoffend – es immer wieder wagen.

15 **Das wahre Licht, das jeden Menschen erleuchtet, kam in die Welt.** (Joh 1,9)

Es könnte eine kostbare Zeit für die ganze Familie sein, sich in diesen stimmungsvollen Tagen um den Adventskranz einzufinden, das Lampenlicht zu löschen und in die brennenden Kerzen zu schauen.
Die *erste* Kerze spricht: „Ich verzehre mich, um euch auf das Vertrauen hinzuweisen: Es ist schön, einem Menschen vertrauen zu können. Es macht innerlich stark, auch sein Herz an Gott zu hängen. Manchmal flackere ich beängstigend, weil Vertrauen und Glauben schwinden."
Die *zweite* Kerze flüstert: „Ich leuchte für den Frieden. Es nimmt die Angst, wenn Menschen und Völker friedlich miteinander umgehen. Manchmal habe ich Angst davor, dass ein böser Luftzug mich auslöscht."
„Ich brenne für die Freude", meldet sich die *dritte* Kerze. „Wie viele leiden unter der Traurigkeit ihres Herzens, obwohl wir mehr als das Nötigste haben!? Reinigt ab und zu meinen Docht, damit ich klar und froh leuchten kann."
Das *vierte* Licht flackert hell auf: „Ich gebe mich für die Liebe hin. Ohne sie säße jetzt keiner um diesen Kranz. Ich leuchte für das Kind in der Krippe, das euch das Licht Gottes bringt."

Herr, ich will ein Licht anzünden, statt über die Dunkelheit zu jammern.

16 **Siehe, Finsternis bedeckt die Erde und Dunkel die Völker. Doch über dir strahlt der Herr auf und seine Herrlichkeit erscheint über dir.** (Jes 60,2)

Der Duft der Zweige des Adventskranzes weckt Gefühle der Erwartung, und das Licht der Kerzen hellt die dunkle Jahreszeit auf. Ich entzünde bewusster als sonst die erste Kerze: Ich sage ja zu mir, zu meinem Lebenslicht, zu meinen Fähigkeiten und Behinderungen. – In der zweiten Kerze sage ich ja zu dir – so wie du bist. Auch, wenn wir uns manchmal nur etwas „vorrußen". – Mit der dritten Kerze freue ich mich über unser Miteinander hier. Ich möchte auch damit ja sagen zu allen Gemeinschaften, in denen ich stehe, von denen ich nur so viel erwarten kann, wie ich bereit bin einzubringen. – Zum vierten Licht sage ich auch ja, weil uns in Jesus ein Licht aufgegangen ist, das uns allen „heimleuchten" kann.

Herr, lass mich bei aller Hektik in diesen Tagen diesem Licht näher kommen.

17

Er kam in sein Eigentum, die Seinen aber nahmen ihn nicht auf. (Joh 1,11)

Krippenspiele zum Advent und Heiligabend stehen immer noch hoch im Kurs. Und landauf, landab müssen Mädchen und Jungen, als Wirte verkleidet, der schwangeren Maria und dem besorgten Josef die Tür weisen.
In solch einem Krippenspiel sah ein Kind den Abgewiesenen traurig nach, die Tränen in den Augen, und rief dann kurz entschlossen hinterher: „Bleib hier, Josef! Bring auch Maria wieder her! Ihr könnt *mein* Zimmer haben!"
Einige Kirchenbesucher meinten später, das Kind habe das Krippenspiel verdorben. Aber war es nicht das weihnachtlichste Krippenspiel, das sie je gesehen hatten? (nach Lina Donohue)

Herr, lass meine Herzenstür weit offen stehen für jeden, der sich in einer Not an mich wendet.

18

Erschienen ist die Gnade Gottes, die allen Menschen zum Heil dient. (Tit 2,11)

Es gibt (noch) viel Brauchtum christlichen Ursprungs um Weihnachten. Frage ich aber, warum der Tannenbaum so herausgeschmückt wird, schaut man mich achselzuckend an.
Ein kleines Mädchen fand in einer alten Schachtel einen vergilbten silbernen Stern. Auf seine Frage winkt die Mutter ab: „Ach, ein Weihnachtsstern für ein langweiliges Fest: Da stand die ganze Familie um einen geschmückten Baum und aus dem Fernsehen kamen schnulzige Lieder. Der Stern oben an der Spitze des Bau-

mes sollte an den kleinen Jesus erinnern, den die Hirten und die Könige in der Krippe fanden!" „Wer soll das denn nun wieder sein, der kleine Jesus?", fragte das Kind. „Das erzähle ich dir ein andermal!" Die Mutter konnte sich nicht mehr so genau erinnern. „Aber es war ein langweiliges Fest und alle waren froh, wenn es vorüber war." Und sie nahm den Stern und warf ihn in den Müllschlucker. Das Kind aber schaute hinterher, dachte an ein schönes Fest um einen Baum mit brennenden Lichtern und flüsterte: „Da, er glitzert immer noch!" (nach Marie Luise Kaschnitz)
Das Brauchtum um Weihnachten ist immer noch faszinierend genug, um Kinder mit staunenden Augen in die Mitte der guten Nachricht zu führen.

Herr, mit einer gewissen Wehmut denke ich an die Weihnachtsfeste meiner Kinderzeit zurück. Ich fühlte damals, es musste einen wichtigen Anlass geben für so viel Festlichkeit und Freude. Gib mir den Mut, vom Oberflächlichen wieder zur Tiefe hinabzusteigen!

19 **Als jedoch die Güte und die Menschenfreundlichkeit Gottes, unseres Heilands, erschien, hat er uns errettet aufgrund seiner Barmherzigkeit.** (Tit 3,4f)

Zufälle gibt's!, so sagen wir manchmal. Einen der seltsamsten schildert Bert Brecht vom Weihnachtsabend 1908 in einer Chicagoer Kneipe.
Als spaßiges „Weihnachtsgeschenk" für einen Mann, der eine unüberwindliche Scheu vor der Polizei zu haben schien, rissen seine Bekannten drei Seiten mit Adressen von Polizeiwachen aus einem alten Adressbuch und wickelten sie sorgfältig in ein Zeitungsblatt.
Der Mann nahm das „Geschenk" zögerlich mit kalkigem Lächeln und nestelte dann an der Schnur. Dabei fiel sein Blick auf das Zeitungsblatt, das er schließlich mit seinen Augen regelrecht verschlang. Dann richtete er sich lächelnd auf und sagte: „Ich lese eben in der Zeitung, dass die Sache in Ohio schon lange aufgeklärt ist und jeder weiß, dass ich damit überhaupt nichts zu tun hatte."
Sein Lachen und das Einstimmen aller Anwesenden brachte ei-

nen großen Schwung in die Versammlung. Es wurde ein schönes Weihnachtsfest für alle.

Danke, Herr, dass du auf krummen Zeilen oft genug gerade schreibst.

Da sagte Maria zum Engel Gabriel: Ich bin die Magd des Herrn; mir geschehe nach deinem Wort. (Lk 1,38) 20

Ein Esel an der Krippe! Der Esel war und ist im Orient das Lasttier der armen Leute. Oft wird er angetrieben und geschlagen; manchmal sogar blutig geknüppelt. Wenn er sein „Iaah" schreit, liegt in diesem lang gezogenen Ruf die ganze Klage der leidenden Kreatur.
Aber darf nicht aus diesem Klageruf ein Ja gedeutet werden? Ja zum Dienen: So wie Maria ihr Ja wahrscheinlich eher mit bangendem als hochgemutem Herzen sprach.

Herr, so wie du als König „im Dienst nach unten" in Jerusalem demütig auf einem Esel eingeritten bist, so hilf mir dabei, anderen mehr die Füße als die Köpfe zu waschen.

Ein Kind ist uns geboren, ein Sohn ist uns geschenkt. Sein Reich ist groß, endlos der Friede. (Jes 9,5f) 21

Das größte Geschenk Gottes an uns Menschen ist an Weihnachten das hilflose Kind in der Krippe.
Ist nicht immer ein Kind das größte Geschenk an uns Menschen? Ein Geschenk auf Zeit – wie ein Pfeil, der bald vom Bogen der Eltern in die Welt geschossen wird. Wenn wir es betrachten, rührt uns dieses Wunder an; wir spüren: Da muss Gott die Hände im Spiel haben!
Jedes Kind braucht viel Liebe, ist „ein Angriff Gottes auf unsere Lieblosigkeit" (Kurt Marti). Zugleich bringt es die Botschaft, dass Gott die Lust am Menschen noch nicht verloren hat. (Tagore)

Herr, hilf mir, mich vor dem Geheimnis in jedem Kind zu verneigen.

22 **Jesus sagt: In die Dornen ist bei dem gesät, der zwar das Wort anhört, jedoch die Sorgen dieser Welt sowie der trügerische Reichtum ersticken es.** (Mt 13,22)

Der Künstler Salvador Dali stellte einmal die Krippe nicht in einen Stall, sondern in ein riesiges Ohr.
Wir müssen „ganz Ohr" sein, wenn die „andere" Welt, das „Jenseits" zu uns sprechen will. Sonst könnte es sein, dass wir im Lärm der Zeit das Leben spendende, göttliche Wort nicht mehr wahrnehmen.

Herr, schenke mir ein hörendes Herz, das die „Flüsterpost" deiner Botschaft aufnehmen kann.

23 **Die Hirten eilten nach Bethlehem und fanden das Kind, das in der Krippe lag.** (Lk 2,16)

Das war ein Schreck: Der 4. Advent und Heiligabend fielen zusammen. Für den Küster (Mesner) war Stress angesagt: mittags schnell alles umbauen! Als sich der Pfarrer in der Weihnachtspredigt umdrehte, um auf das Kind in der Krippe zu weisen, da war sie – leer. Das Allerwichtigste war vergessen worden!
In der Kathedrale von Le Mans hat der Maler in einem Glasfenster bewusst die Krippe leer gelassen, um dem Betrachter zu sagen: Wenn dein eigenes Herz nicht zur Krippe für dieses Kind wird, ist es umsonst zu dir gekommen.

Herr, lass mich zum Christophorus, zum Christusträger werden, damit auch andere das Kind finden.

24 **Erschienen ist die Gnade Gottes, die allen Menschen zum Heil dient.** (Tit 2,11)

An einer Weihnachtspyramide drehen sich Maria und Josef, Hirten, Engel und Sterndeuter um die „Mitte", das Kind in der Krippe. Manch einen mag, wenn alle Kerzen auf der Pyramide brennen, das ständige Rotieren an ein Karussell erinnern, andere aber erkennen darin einen Hinweis auf den Dreh- und Angelpunkt des

Lebens: Jesus Christus. In ihm zeigt sich die Liebe Gottes zu uns Menschen, von der uns nichts trennen kann. (nach Wolfgang Raible)

Herr, viele Menschen haben heute ihre Mitte verloren und sind deshalb ins Trudeln geraten. Lass sie spüren, dass sie geborgen sind in deiner Liebe, damit sie zur Ruhe kommen.

Völker strömen zu deinem Licht und Könige zum Glanz, der über dir aufstrahlt. (Jes 60,3) 25

Eigentlich passt das doch nicht zusammen: Einerseits die armselige Krippe und die Verachteten der damaligen Zeit, die oft kriminellen Hirten, die das Kind zuerst fanden. Andererseits aber der herrliche Weihnachtsbaum, geschmückt mit Lichtern, Lametta, bunten Kugeln, jubilierenden Engelsfiguren, goldenen Nüssen usw.
Beides aber ist Zeichen für das Kommen des Menschensohnes. Zuerst kam er in Kälte und Armut auf das Stroh dieser Welt. Einmal wird er wiederkommen in Macht und Herrlichkeit. Dann wird er „das Stroh in Gold verwandelt" haben.

Herr, die armselige Krippe soll mich an Menschen auf dem armseligen Stroh unserer Welt erinnern. Ich will nicht gedankenlos an denen vorbeigehen, die du mir begegnen lässt. Der strahlende Weihnachtsbaum soll mir Zeichen sein, dass einmal alles gut werden wird für alle Menschen.

Nicht darin besteht die Liebe, dass wir Gott geliebt haben, sondern dass er *uns* geliebt hat. (1 Joh 4,10) 26

Die Verbitterung eines Menschen kann so tief gehen, dass ihn alles Gute in Raserei versetzt, obwohl er in seinem Innersten noch spürt, wie falsch er sich verhält und handelt.
Selma Lagerlöf erzählt in einer ihrer Legenden von Josef, der sich in der Nacht der Geburt Jesu auf den Weg macht, um Feuer bei den Hirten zu holen. Er gerät jedoch an einen Verbitterten, der den Hund auf ihn hetzt. Aber was ist das für eine Nacht?: Das

Tier will nicht zubeißen! Darauf schleudert der Hirte seinen Speer nach dem Fremdling. Aber was ist das für eine Nacht?: Der Speer will nicht treffen. Schließlich bekommt Josef auf die Frage nach Feuer die grimmige Antwort: „Nimm dir doch einige glühende Kohlen, wenn du sie anfassen kannst." Aber was ist das für eine Nacht?: Josef trägt die Glut in seinen Händen davon.
Da wird der Hirt unruhig und folgt ihm, sein versteinertes Herz wird weich und er breitet vor dem neugeborenen Kind ein kostbares Lammfell als Geschenk aus.

Herr, nimm mir meine Blindheit, damit ich das Wunder begreife, das damals in Bethlehem geschah.

27 **Jesus sagt: Denn der Menschensohn ist gekommen, um zu suchen und zu retten, was verloren war.** (Lk 19,10)

Am Ende unseres Lebens steht uns besonders deutlich vor Augen, was nicht gelungen, was verlogen und gemein war. Das alles braucht uns aber nicht zu erdrücken, wenn wir an die befreiende Liebe Gottes glauben, die uns in Jesus Christus erschienen ist.
So steht im Tagtraum ein kleiner Junge mit leeren Händen vor der Krippe und verspricht in seiner Aufregung, das Schönste zu schenken, das er zu Weihnachten bekommen hat. Aber wie erschrickt er, als das Jesuskind seinen letzten Aufsatz will – den mit der schlechtesten Note –, und den Milchbecher – den er zerbrochen hat –, und die Antwort an die Mutter – es war eine Lüge. Doch das Jesuskind lächelt in seine Tränen: „Du kannst mir immer geben, was ‚nicht genügend' ist; auch alles, was du in deinem Leben zerbrichst; auch was böse, verlogen, trotzig und gemein ist. Dafür bin ich doch in die Welt gekommen: zu verzeihen, an die Hand zu nehmen und einen guten Weg zu zeigen." Und der Junge schaut und hört und staunt … (nach Walter Baudet)

Danke, Herr, dass ich meine dunklen Seiten vor dir nicht zu verbergen brauche – du kennst sie ja ohnehin. Danke, dass ich dich bis zu meinem letzten Atemzug um Vergebung bitten kann – in der Gewissheit, dass du mir „Leben in Fülle" schenken wirst.

Das wahre Licht, das jeden Menschen erleuchtet, kam in die Welt. (Joh 1,9) 28

Weihnachten bietet mit dem geschmückten Tannenbaum, warmem Kerzenlicht und vielen Geschenken einen wunderschönen Rahmen. Aber ehrlich: Was soll ein kostbarer Rahmen ohne Bild? Manche lehnen auch nur den Rahmen ab, nicht das Bild. Welches Bild denn?
Eine Sonne, in diesen Rahmen gehängt, würde die „Sonnenwende" umschreiben, die mit dem Kind in der Krippe begann: Der Himmel ist auf die Erde gefallen, er kann das Eis um unsere Herzen schmelzen und die Tränen trocknen.
Oder ein Herz gehört in den Rahmen, denn Gott zeigte Herz, weil er sein Liebstes hergab. Und diese Liebeserklärung hat im Jesuskind Hand und Fuß!
Oder eine Krippe füllt den Rahmen, denn Gott wählte keinen Palast, sondern eine Notunterkunft – strategisch völlig unwichtig. Und er will geliebt werden wie ein Kind: absichtslos. (nach Albert Höntges)

Herr, an diesem Bild von Weihnachten können wir kopfschüttelnd vorbeigehen oder uns davor knien.

Jesus spricht: Mein Joch drückt nicht, und meine Last ist leicht. (Mt 11,30) 29

Ein Joch sieht zunächst wie eine zusätzliche Last aus, aber über die Schultern gelegt, hilft es, schwere Lasten leichter und länger zu tragen.
So lebten damals in Bethlehem auch zwei kleine Esel, die von früh bis spät Säcke schleppten und mehr Prügel als Fressen erhielten. Als einige Hirten davon erzählten, dass ein neuer König geboren sei, der auch die Unterdrückten von ihren Lasten befreien wird, da wussten die beiden Esel: Das ist auch unser König. Und – sie liefen zum Stall. Da war aber nichts mehr vom Wunder übrig geblieben als ein von Füßen zertretener Boden, eine Kuhle im Stroh und der letzte Duft von Weihrauch. Während sie noch

suchten, tauchte plötzlich der Müller auf und trieb sie unter Schlägen wieder zur Mühle.
Der eine Esel seufzte weiter missmutig unter seiner Last; aber der andere glaubte an den neuen König und spürte plötzlich, wie seine Last leichter wurde. Er sagte aufmunternd: „Er nimmt mir die Last nicht ab, aber er gibt mir mehr Kraft, sie zu tragen!" (nach Max Bolliger)

Jesus, gib mir die richtigen Worte, einem leidenden Menschen wenigstens durch Zuspruch sein Los ein wenig zu erleichtern.

30 **Da merkte ich, dass es unter ihnen nichts Besseres gibt, als fröhlich zu sein und es gut zu haben im Leben.** (Koh 3,12)

„Wo ist nur die Zeit geblieben?", sagen wir manchmal. Vielleicht fließt sie so schnell, weil wir das alte „Carpe diem" = „Pflücke den Tag" nicht beherzigen und unser Leben nicht bewusster mit interessanten Augenblicken bereichern.
Eine persische Sage erzählt von einem Mann, der am Strand ein Säckchen mit kleinen Steinen fand und dann spielerisch die kleinen Dinger da und dort ins Meer warf. Einen einzigen nahm er mit nach Hause.
Dort erschrak er, als er bei näherem Hinsehen einen herrlich funkelnden Diamanten erkannte …
Jeder Tag im neuen Jahr soll mir wie ein kostbarer Schatz sein.
Heute ist der erste Tag vom Rest meines Lebens!

Herr, lass mich froh jeden Tag aus deinen Händen empfangen und den Augenblick leben.

31 **Jesus erzählt in einem Gleichnis: Ein anderer Teil der Saat fiel auf guten Boden, keimte, wuchs und brachte Frucht.** (Mk 4,8)

Wir jammern in Deutschland auf hohem Niveau, wenn ich bedenke, dass jährlich rund 80 Millionen Euro an Silvester in die Luft geballert werden. Da halte ich mich lieber an den alten Mann mit den Bäumen: Der zog, nachdem ihm Frau und Sohn gestorben waren, in die französischen Cevennen. Er erkannte in dieser trostlosen, von Menschen verlassenen Gegend, dass hier Bäume fehlten. Darum steckte er jahrelang bei seinen täglichen Spaziergängen ein paar Eicheln in die Erde, aus denen im Lauf vieler Jahre drei riesige Eichenwälder erwuchsen. Die Wurzeln der Bäume hielten das Regenwasser fest, und mit dem Wasser in den Bächen kehrten auch die Tiere und schließlich die Menschen zurück. Als der Mann 1947 mit 89 Jahren starb, wussten nur wenige, wer hier die Landschaft und die Lebensbedingungen verändert hatte.

Herr, ich werde heute „eine *Eichel*“ *setzen, damit das Klima meiner Umgebung verbessert wird.*

NACHWORT

Aus 760 meditativen Texten haben kritische Freundinnen und Freunde die vorstehenden 365 ausgesucht.
Der eine oder andere Gedanke mag im ersten Moment wie ein Windstoß ins Gesicht wirken, aber manchmal ist die Erfahrung von etwas Gegenwind wichtig, um erst wieder „Rückenwind" richtig zu schätzen.
Danken möchte ich für die Mithilfe H. Görke, I. Hamacher, B. und E. Löhrer, U. Möltner, B. Read, G. Rosemann, I. Ruland, M. Vogt, I. Zensus und Gabriele Schmitz, die alle Schreibarbeiten übernahm.

QUELLENNACHWEIS

S. 9 (2. Januar): „Alle Zeit, die du mir gibst …“, aus: Michel Quoist, Herr, da bin ich, Verlag Styria, Graz–Wien–Köln, 62. Auflage 1997

S. 41 (6. März): „Hat es Scherben geben? …“, aus: Phil Bosmans, Blumen des Glücks, Verlag Herder, Freiburg, 27. Auflage 1998

S. 102 (2. Juli), „Der Mensch mit all seiner Klugheit …“, aus: Khalil Gibran, Das Reich der Ideen. © 1987 Patmos Verlag GmbH & Co. KG / Walter Verlag, Düsseldorf und Zürich

ZUM AUTOR

Willi Hoffsümmer, geb. 1941; zwei Kaplanstellen in Düsseldorf, seit 1979 Pfarrer in Bergheim-Paffendorf und -Zievernich, seit 1996 außerdem in Bergheim-Glesch. Zahlreiche Veröffentlichungen im Bereich Pastorale Praxis (Gesamtauflage über eine Million).

WEITERE GESCHENKBÜCHER VON WILLI HOFFSÜMMER

Für seine Bildbände hat Willi Hoffsümmer jeweils 20 Kurzgeschichten ausgewählt und sie mit ausdrucksstarken, vierfarbigen Fotos kombiniert. Die Bände sind aufwendig ausgestattet und umfassen je 48 Seiten.

Geschichten wie kostbare Perlen

Geschichten wie Spiegel des Herzens

Geschichten wie Wegweiser

Geschichten wie offene Türen

Geschichten wie Brücken zum Leben

Geschichten wie Brunnen in der Wüste

Geschichten wie Schlüssel zum Glück